DANS LA MÊME COLLECTION

JEAN DUNS SCOT, *Signification et vérité. Questions sur le traité* Peri hermeneias *d'Aristote*, édition bilingue, introduction, traduction et notes par G. Sondag, 300 pages.

JEAN GERSON, *Sur la théologie mystique*, édition bilingue, introduction, traduction et notes par M. Vial, 240 pages.

GUILLAUME D'OCKHAM, *Intuition et abstraction*, édition bilingue, introduction, traduction et notes par D. Piché, 272 pages.

GUILLAUME D'OCKHAM, *Traité sur la prédestination et la prescience divine des futurs contingents*, édition bilingue, introduction, traduction et notes par C. Michon, 258 pages.

PIERRE DE JEAN OLIVI, *La matière*, édition bilingue, introduction, traduction et notes par T. Suarez-Nani, C. König-Pralong, O.Ribordy et A. Robiglio, 360 pages.

THOMAS D'AQUIN et BOÈCE DE DACIE, *Sur le bonheur*, édition bilingue, introduction, traduction et notes par R. Imbach et I. Fouche, 176 pages.

L'ÂME, L'INTELLECT ET LA VOLONTÉ

Translatio
Philosophies Médiévales

Directeurs : Jean-Baptiste BRENET et Christophe GRELLARD

JACQUES DE VITERBE

L'ÂME, L'INTELLECT ET LA VOLONTÉ

Textes latins introduits, traduits et annotés
par
Antoine CÔTÉ

Paris
LIBRAIRIE PHILOSOPHIQUE J. VRIN
6, place de la Sorbonne, V^e
2010

JACQUES DE VITERBE
Disputatio prima de quodlibet, E. Ypma (ed.)
© Würzburg, Augustinus-Verlag, 1968

© *Librairie Philosophique J. VRIN,* 2010
Imprimé en France

ISSN 1779-7373
ISBN 978-2-7116-2307-5

www.vrin.fr

À mes parents

INTRODUCTION*

Jacques de Viterbe occupe la chaire de théologie des Ermites de saint-Augustin à la faculté de théologie de l'université de Paris, où il succède à Gilles de Rome, de 1293 à 1297. En 1300, il est nommé maître-régent du *studium* des Augustins à Naples, fonction qu'il exercera pendant deux ans, avant d'être nommé archevêque de Bénévent puis archevêque de Naples (1302). On situe sa mort en 1307 ou en 1308 [1]. De son

* Je remercie le Conseil de recherches en sciences humaines du Canada (CRSH) pour son appui financier. J'adresse également mes remerciements aux directeurs de la collection « Translatio », MM. Jean-Baptiste Brenet et Christophe Grellard, pour leurs patientes relectures de mon texte et pour leurs suggestions qui m'ont permis de l'améliorer.

1. Pour la biographie de Jacques de Viterbe, on consultera, de E. Ypma, « Recherches sur la carrière scolaire et la bibliothèque de Jacques de Viterbe », *Augustiniana* 24 (1974), p. 247-282, « Recherches sur la productivité littéraire de Jacques de Viterbe jusqu'à 1300 », *Augustiniana* 25 (1975), p. 223-282, et *La formation des professeurs chez les Ermites de Saint-Augustin de 1256 à 1354. Un nouvel ordre à ses débuts théologiques*, Paris, Centre d'Études des Augustins, s.d. On consultera également D. Gutiérrez, *De B. Iacobi*

enseignement parisien datent trente-quatre *Quaestiones de divinis praedicamentis* et quatre questions quodlibétiques, dont les deux premières surtout ont connu une très large diffusion au Moyen Âge[1]. C'est de la première de ces questions que sont tirés les trois textes traduits dans ce volume.

Ses interlocuteurs de prédilection sont Henri de Gand, Godefroid de Fontaines et Gilles de Rome, et, dans une moindre mesure, Thomas d'Aquin. Henri est peut-être celui dont son tempérament philosophique le rapproche le plus – même s'il ne se prive pas de le critiquer à l'occasion[2] –, bien qu'il soit également très influencé par Gilles, ce qui ne l'empêche pas de s'écarter de ce dernier sur certains points fondamentaux de sa doctrine[3]. Comme Henri, mais plus radicalement que lui, Jacques tend à faire de l'âme la cause principale de ses propres opérations. Plus généralement, Jacques de Viterbe tend à privilégier la causalité immanente aux dépens de la causalité transitive dans l'explication des phénomènes naturels et psychologiques, ainsi que le lui reprocheront ses

---

Viterbiensis O.E.S.A. vita, operibus, et doctrina theologica, Rome, Analecta Augustiniana, 1939.

1. *Cf.* P. Fidel Casado, « El primer Quodlibet de Santiago de Viterbo OSA » *Estudio Agustiniano*, 4 (1969), p. 557-566 ainsi que E. Ypma (ed.), *Disputatio prima de quolibet*, introduction, Würzburg, Augustinus-Verlag, 1968, p. VII.

2. Voir notre étude, « Le progrès à l'infini des perfections créées selon Godefroid de Fontaines et Jacques de Viterbe », dans *Actualité de l'infinité divine aux XIIIᵉ et XIVᵉ siècles*, D. Arbib (dir.), *Les Études Philosophiques*, 4 (2009), p. 505-530.

3. Jacques s'inscrit en faux contre la position de Gilles sur l'existence d'aptitudes dans l'âme et dans la matière. *Cf.* Gilles de Rome, *Quod.* II, q. 12, Venise, 1502, f. 18a-19a.

critiques [1]. C'est particulièrement vrai – et les textes traduits dans ce volume le montrent à l'envi – pour l'intellect et la volonté ; c'est vrai aussi pour la théorie du changement naturel : Jacques est ainsi un partisan convaincu, un des derniers, de la doctrine des idées séminales [2].

LA DOCTRINE DES IDONÉITÉS [3]

La contribution philosophique la plus originale de notre auteur est sa doctrine des « idonéités » ou aptitudes naturelles,

1. C'est le cas de Bernard d'Auvergne et d'Alphonse Vargas de Tolède. Le premier est l'auteur d'une série d'*Impugnationes contra Jacobum de Viterbio* inédites, conservées dans cinq manuscrits (*cf.* A. Pattin, « La structure de l'être fini selon Bernard d'Auvergne, O.P. († après 1307) », *Tijdschrift voor filosofie* 24 (1962), p. 681-683), dans lesquelles il s'attaque à la doctrine des aptitudes et à leur application à la physique et à la psychologie. Le second est l'auteur de *Quaestiones* sur le *De anima* dans lesquelles il avance de nombreux arguments contre la doctrine viterbienne, lui reprochant notamment d'évacuer entièrement la causalité transitive du fonctionnement de la nature. *Cf.* Alphonse Vargas, *In tres Aristotelis Libros de anima quaestiones*, Venise, 1566, p. 82-83.

2. Voir M. Phelps, « The Theory of Seminal Reasons in James of Viterbo », *Augustiniana* 30 (1980), p. 271-283.

3. Sur la question des idonéités chez Jacques de Viterbe, on consultera l'important article de F. Ruello, « Les fondements de la liberté humaine selon Jacques de Viterbe O.E.S.A. Disputatio 1a de *Quolibet*, q. VII (1292) », *Augustiniana* 24 (1974), p. 283-347 et 25 (1975), p. 114-142 ; P. Fidel Casado, « El pensamiento filosófico del Beato Santiago de Viterbo », *La Ciudad de Dios* 165 (1953), p. 117-144, ainsi que A. Côté, « Simplicius and James of Viterbo on Propensities », *Vivarium* 47 (2009), p. 24-53. À propos du terme *idoneitas*, notons que, absent du latin de l'époque classique, celui-ci est attesté chez Augustin (*Sancti Augustini Sermones post Maurinos reperti*, D.G. Morin (ed.), Romae, Typis polyglottis vaticanis, 1930, sermo 296, p. 403, 27), où il a le sens

dont les présentations principales se trouvent dans les questions ici traduites. Le terme *idoneitas*, traduction latine du grec *epitedeiotês*, est emprunté à la traduction du *Commentaire* aux *Catégories* d'Aristote de Simplicius, réalisée par Guillaume de Moerbeke en 1266[1]. Simplicius avait lui-même repris le

d'« aptitude », puis chez Boèce, qui l'emploie pour traduire (par exemple, dans les *Topiques*, θ, 14, 163b6 ou dans les *Premiers analytiques*, I, 31, 46b25) *euporia* (= abondance). En latin scolastique, *idoneitas* désigne l'aptitude ou la capacité d'une chose à remplir un office ou à jouer un rôle. En traduisant *epitedeiotês* par *idoneitas*, Guillaume de Moerbeke adoptait donc un mot existant – bien que, somme toute, relativement peu employé –, mais c'était pour lui conférer un sens technique précis.

1. *Cf.* A. Pattin, dans Simplicius, *Commentaire sur les catégories d'Aristote* (traduction de Guillaume de Moerbeke), éd. critique A. Pattin, O.M.I. avec W. Stuyven, Louvain, Publications universitaires, 1971, introduction, p. XI. *Cf.* aussi, du même auteur, « Pour l'histoire du *commentaire sur les catégories d'Aristote* de Simplicius au Moyen Âge », dans *Arts libéraux et philosophie au Moyen Âge*, Actes du quatrième congrès de philosophie médiévale, Université de Montréal, Montréal, Canada 27 août-2 septembre 1967, Montréal, Institut d'études médiévales, 1969, p. 1073-1078. Concernant le commentaire de Simplicius, remarquons que celui-ci, utilisé pour la première fois, semble-t-il, par Thomas d'Aquin (A. Pattin, « Pour l'histoire du *commentaire…* », p. 1074), allait connaître un succès qui ne se démentira pas au Moyen Âge. La conception simplicienne des relations, des qualités, de l'intension et de la rémission des formes, celle des habitus feront du commentaire un ouvrage couramment cité par les scolastiques aux XIIIe et XIVe siècles. Mais Jacques se distingue de ses contemporains par la fréquence et l'abondance de ses références à ce commentaire. De manière générale, comme l'a bien remarqué L.J. Bataillon, on note chez Jacques « une utilisation beaucoup plus poussée des ouvrages traduits par Guillaume de Moerbeke », surtout de ceux qui concernent les commentateurs grecs d'Aristote. *Cf.* L.J. Bataillon, « Quelques utilisateurs des textes rares de Moerbeke (Philopon, *tria Opuscula*) et particulièrement Jacques de Viterbe », dans *Guillaume de Moerbeke*, Recueil d'études à l'occasion du 700e anniversaire de sa mort (1286), J. Brams et W. Vanhamel (dir.), Leuven, Leuven UP, 1989, p. 109. Voir aussi E. Mahoney, « Themistius and the

mot à Porphyre, qui s'en était servi dans son *Commentaire* aux *Catégories* pour désigner la deuxième espèce de qualité [1].

Rappelons qu'Aristote distingue quatre «espèces» de qualité au chapitre 8 des *Catégories*. La première comprend les états (*hexeis*), c'est-à-dire des qualités stables, comme la science ou les vertus, et les dispositions (*diatheseis*), c'est-à-dire des qualités passagères, comme le froid et le chaud ou encore la santé et la maladie. La deuxième espèce de qualité est celle en vertu de laquelle sont qualifiées les personnes qui possèdent une capacité naturelle (*dunamis phusikê*) de « faire quelque chose ou de ne pas subir quelque chose ». Aristote donne l'exemple de batailleurs et de coureurs : « Ainsi, on est dit batailleur ou coureur, non parce qu'on se trouve dans une certaine disposition, mais parce qu'on possède une capacité naturelle (*dunamin phusikên*) de faire aisément quelque chose » [2]. La troisième espèce de qualité englobe les qualités sensibles des objets, comme leurs couleurs et leurs qualités gustatives. Enfin, la quatrième espèce comprend les formes des objets.

Une différence marquée existe de toute évidence entre la deuxième espèce et les trois autres : alors que celles-ci renvoient toutes à des qualités en acte, la deuxième renvoie à quelque chose qui est de l'ordre de la puissance : est dit

Agent Intellect in James of Viterbo and Other Thirteenth Century Philosophers ("Saint Thomas, Siger of Brabant and Henry Bate") », *Augustiniana* 23 (1973), p. 422-467, ainsi que F. Ruello, « L'analogie de l'être selon Jacques de Viterbe, Quodlibet I, Quaestio I », *Augustiniana* 20 (1970), p. 178-179.

1. Voir Porphyre, *In Aristotelis Categorias expositio per interrogationem et responsionem*, A. Busse (ed.), Berolini, Typis et impensis Georgii Reimer, 1887, p. 129, 19-23.

2. Aristote, *Catégories*, 9a19-21 (trad. Bodéüs, p. 41).

batailleur (*puktikos*), au sens où l'entend ici Aristote, celui qui ne l'est pas encore mais qui possède une capacité naturelle qui ferait de lui un batailleur si cette capacité était actuée par l'entraînement.

Le concept de capacité naturelle, à peine effleuré par Aristote, va faire l'objet d'une réflexion poussée de la part de Simplicius dans son commentaire aux *Catégories*.

Simplicius distingue deux sens de la capacité naturelle : l'*epitedeiotês* au sens absolu, c'est-à-dire la capacité naturelle considérée en tant que pure disposition, et l'*epitedeiotês* envisagée selon un certain progrès (*kata prokopên tina*), en vertu duquel elle est déjà en évidence (*apophanês*). L'*epitedeiotês* selon un certain progrès est « plus » que la simple puissance, celle de la matière par exemple, qui est en réalité une privation[1], mais elle est « moins » qu'une qualité réellement possédée[2]. Elle constitue une sorte d'ébauche de la forme, un état intermédiaire, à mi-chemin de la pure puissance et de l'acte achevé.

L'existence des capacités naturelles répond, pour Simplicius, à une nécessité d'ordre métaphysique. En effet, « rien n'est mû de l'imparfait au parfait s'il n'existe une « puissance moyenne » (*mesê dunamis*) susceptible de porter l'imparfait au parfait »[3]. Telle serait justement l'idonéité : c'est elle qui « réunit les extrêmes et montre la voie qui va du moins bon au meilleur »[4].

---

1. Simplicius, *In Aristotelis Categorias commentarium*, C. Kalbfleisch (ed.), Berlin, G. Reimer, 1907, p. 246, 17-19.

2. *Ibid.*, p. 242, 18-20.

3. *Ibid.*, p. 248, 26-28.

4. *Ibid.*, p. 248, 29-30.

La capacité naturelle doit davantage à la qualité actualisée qu'elle annonce déjà qu'à la pure puissance indifférenciée dont elle se distingue par son état d'ébauche. C'est ce que Simplicius montre au moyen d'une série d'images et de comparaisons évocatrices. Ainsi la capacité naturelle est-elle tantôt comparée au « préchauffement d'une mèche, avant [l'application] de la chaleur du feu »[1], tantôt décrite comme « la préimpression d'une forme »[2], ou encore comme « un avant-goût de la forme (*eidous proupokataskeuê*) »[3].

Si, comme le pense Simplicius, l'existence d'une capacité est toujours requise pour expliquer le passage de la puissance à l'acte, il s'ensuit qu'elle doit être requise pour rendre compte de l'intellection et des opérations de la nature qui, toutes deux, supposent un tel mouvement. L'intellection se produit, en effet, lorsque, sous l'effet du séparable (*chôristou*), l'intellect devient « une puissance qui conduit l'intellect à l'intellection en acte »[4]. De même, les opérations naturelles constituent des mouvements, et ces mouvements sont des « cheminements » de la puissance à l'acte, qui supposent dans le sujet qui change une capacité qui présente sous forme d'ébauche la forme qui plus tard s'épanouira en acte complet.

Il est significatif que Simplicius ait pensé à appliquer sa doctrine à ces deux phénomènes. Comme lui, et pour certaines des mêmes raisons, Jacques de Viterbe jugera nécessaire de recourir à des « aptitudes » ou « idonéités » pour rendre compte de l'intellection et du changement naturel : « Ce genre de

1. *Ibid.*, p. 248, 33.
2. *Ibid.*, p. 246, 18.
3. *Ibid.*, p. 249, 33-34.
4. *Ibid.*, p. 249, 2.

puissance (sc. l'idonéité), comme il (sc. Simplicius) le dit, convient à tout ce qui est susceptible d'être parachevé de quelque manière que ce soit. Car une chose ne procède pas totalement de l'imparfait au parfait sans une puissance moyenne lui apportant quelque chose qui lui fait défaut en vue du parfait mais qui reçoit son accomplissement du plus parfait » (20)[1]. Jacques ajoutera simplement qu'elles sont également nécessaires pour expliquer la genèse de l'acte volontaire et de la sensation. Dans la suite de cette introduction, nous laisserons de côté l'application de la doctrine des idonéités au changement naturel, qui fait l'objet du *Quodlibet* II, question 5[2], pour nous concentrer sur le rôle qu'elle joue dans la psychologie du Viterbien, à laquelle se rapportent les trois textes traduits.

LES IDONÉITÉS ET LEURS PROPRIÉTÉS

Dans un passage révélateur du *Quodlibet* I, question 7 (11), Jacques, citant le lemme aristotélicien selon lequel « l'âme est d'une certaine façon toutes choses », en tire aussitôt la thèse que « tout est d'une certaine manière dans l'âme » ou que l'âme est conforme aux choses. Le tout est alors pour lui de déterminer de quelle manière cela peut être vrai. Il estime que toute réponse à cette question doit être compatible avec un

---

1. Cf. *Quod.* II, q. 14, p. 160, 69-70. Les chiffres entre parenthèses dans le corps du texte renvoient à la numérotation des paragraphes de la traduction.

2. Cf. *Quod.* II, q. 5, p. 82, 776-782, où Jacques effectue de manière explicite l'application de la doctrine des idonéités de Simplicius à l'analyse des raisons séminales.

fait qu'il tient, avec la majorité de ses contemporains, pour
essentiel à notre vie psychique, à savoir que les opérations
de l'âme sont des opérations immanentes, et non transitives[1].
Or cette immanence serait inexplicable sans un dynamisme
interne, propre à l'âme. Il s'ensuit que, dans la mesure où
l'âme, dans ses fonctions sensitive, imaginative, intellective
et volitive, est une « conformité » aux choses, elle ne saurait
l'être à l'instar d'une pure puissance passive capable de revêtir
une diversité de formes sous l'action d'un agent extérieur.
Mais elle ne saurait pas davantage « être toutes choses » au
sens où elle les contiendrait toutes sous forme d'idées pleine-
ment actualisées. L'expérience, déjà, montre qu'il ne peut en
être ainsi[2]; mais surtout, une telle thèse reviendrait à rééditer
ce que Jacques, suivant en cela l'opinion unanime de ses
contemporains, considère comme l'erreur par excellence en
théorie de la connaissance : la théorie de la réminiscence de
Platon, communément interprétée comme impliquant l'existence dans l'âme d'Idées en acte (115), (125), (126)[3]. Ni pure

1. Ont une importance particulière ici les analyses d'Aristote en
Métaphysique, IX, 8, auxquelles renvoient Jacques de Viterbe (108) ainsi que la
plupart de ses contemporains.

2. Cf. *Quod.* I, q. 13.

3. Pas davantage que ses contemporains, Jacques ne semble avoir connu
directement le *Phédon* et le *Ménon*, les deux *loci classici*, chez Platon du moins,
sur la question de l'innéisme. Une traduction de ces deux œuvres, on le sait, fut
réalisée par Henri Aristippe dès la deuxième moitié du XIIe siècle. R. Klibansky
(*The Continuity of the Platonic Tradition During the Middle Ages*, 2e éd.,
Millwood (NY), Kraus International Publications, 1982, p. 27-30) cite Roger
Bacon et Gérard d'Abbeville parmi ses lecteurs scolastiques. Mais il est significatif, s'agissant de ce dernier, que la seule référence explicite à la théorie de la
connaissance de Platon dans les nombreuses *Quaestiones* de sa main éditées par
A. Pattin, renvoie à un passage de la *Cité de Dieu*! *Cf.* A. Pattin, *L'anthropo-*

puissance, ni acte achevé, il reste donc que la conformité de l'âme aux choses soit « une certaine actualité incomplète, une sorte d'ébauche (*inchoatio*), de commencement et de préparation relativement à l'acte ultérieur » (19), bref une idonéité, ou, plus exactement, une structure organisée d'idonéités.

La discussion technique que Jacques consacre à ce concept dans les deux textes où il en parle le plus longuement, à savoir le *Quodlibet* I, q. 7 (19)-(28) et le *Quodlibet* I, q. 12 (109)-(113),

---

logie de Gérard d'Abbeville. Étude préliminaire et édition critique de plusieurs Questions quodlibétiques concernant le sujet, avec l'édition complète du De cogitationibus, Leuven, Leuven UP, 1993, p. 160, 75. Il ne semble pas non plus que Jacques de Viterbe, si prompt à exploiter les traductions d'auteurs anciens, ait eu une connaissance de première main de ces dialogues. Dans son apparat des sources du *Quodlibet* I, 12, E. Ypma renvoie deux fois au *Phédon*. Mais les passages qui sont censés constituer des allusions à ce dialogue sont beaucoup trop vagues pour permettre de conclure que le Viterbien ait eu en tête une référence précise. Ce sont plutôt des lieux communs sur l'enseignement des *Platonici*, tels qu'on en trouve sous la plume de maints scolastiques. D'ailleurs, la première de ces allusions (*Quod.* I, q. 12, p. 169, 415-416; trad. 118) se relève chez Thomas d'Aquin (*Summa contra gentiles*, II, c. 83, n. 16); la seconde (*Quod.* I, q. 12, p. 169, 481-485; trad. 125), se retrouve à peu de choses près au *De veritate*, q. 18, a. 7, co. Dans notre apparat des sources, nous renvoyons également au *Phédon*, mais en faisant précéder le titre de la mention « *Cf.* ». La même remarque vaut aussi pour l'allusion au *Timée* (trad. 140), ainsi que pour une rapide évocation du *Ménon* (trad. 115), non relevée par Ypma, et que les médiévaux pouvaient trouver plus commodément dans les *Premiers analytiques*, 67a21-22. Enfin, mentionnons que, selon notre auteur, Platon aurait également « comparé l'intellect agent au soleil » (77), mais il va sans dire que ce n'est pas dans les œuvres du maître de l'Académie qu'il a pu glané une telle information, mais bien, comme Thomas d'Aquin avant lui (cf. *De malo*, q. 16, a. 12, ad 1), dans le commentaire au *De anima* de Thémistius. Cf. *Themistii Paraphrasis eorum quae de anima Aristotelis*, liber sextus, G. Verbeke (ed.), Leiden, Brill, 1973, p. 235, 7-12.

doit beaucoup à Simplicius dont il cite d'assez longs extraits. L'idonéité est une actualité incomplète (19), (109), (115), (126), (131), (177), qui ressortit à la deuxième espèce de qualité (20), (27), (109). À ce titre, elle possède deux caractéristiques essentielles : d'abord, elle est capable de se mouvoir elle-même formellement à son acte complet (109) – nous reviendrons plus loin sur ce point et en particulier sur la signification du mot « formellement ». Ensuite, elle relève d'une espèce distincte de celle à laquelle appartient son acte complet correspondant (28), (40). S'il est vrai qu'une même forme peut se retrouver tantôt selon un être relâché, tantôt selon un être intensifié, Jacques tient que l'aptitude et son acte complet appartiennent à deux espèces distinctes, celle-là entretenant avec celui-ci un rapport de participation (28). Signalons quatre autres caractéristiques importantes des idonéités [1].

1) Les idonéités sont communes à tous les hommes (25), mais sont plus ou moins bien disposées selon les individus [2].

2) Elles sont à la fois actives et passives : actives en tant qu'ébauches incomplètes, passives en tant que susceptibles d'être complétées, même si, à proprement parler, elles ne sont ni actives ni passives, puisque l'actif a pour propriété d'agir sur un autre que soi et le passif de pâtir sous l'action d'un autre que soi (26).

---

1. Pour une présentation et discussion des idonéités, voir l'article fondamental de F. Ruello, « Les fondements de la liberté humaine selon Jacques de Viterbe … », art. cit., p. 425 *sq.*, ainsi que P. Fidel Casado, « El pensamiento filosófico del Beato Santiago de Viterbo », art. cit., p. 124-133.

2. *Quod.* II, q. 17, p. 174, 20.

3) Ce sont des états permanents, des dispositions (*habitus*) [1] connaturelles à l'âme, autrement dit, non acquises [2].

4) Elles procèdent, comme les choses dont elles sont les ressemblances, des exemplaires incréés qui sont en Dieu (24), (46), (112), (126), (145) [3]. Jacques dira qu'elles sont *naturaliter inditae*, *i.e.* qu'elles sont mises dans l'âme naturellement (19), (141), (142), (147), (155), (160), (177)-(179), (181), (191) [4].

1. Jacques distingue deux sens du mot « habitus » : l'*habitus* au sens d'une « habileté » acquise par les actes ou infusée par Dieu, et l'*habitus* au sens d'une disposition innée. Cf. *Quod.* II, q. 6, p. 98, 35-48. Pour une analyse approfondie du concept d'habitus, voir « Jacobi de Viterbio O.E.S.A. Quaestiones de divinis praedicamentis, quaestio XXI », E. Ypma (ed.), *Augustiniana* 44 (1994), p. 177-208. Voir aussi la question « utrum in anima humana sint aliqui habitus naturaliter inditi » du manuscrit Naples, Bibl. Naz. VII. C. 4, f. 85ra-va.

2. *Quod.* II, q. 15, p. 164, 45-53.

3. *Quod.* II, q. 6, p. 99, 74-78 ; *Quod.* III, q. 10, p. 156, 317-322.

4. Pour « inditus », cf. *Quod.* I, q. 14, p. 195, 92-94 ; *Quod.* II, 6, p. 98, 46 ; *Quod.* II, q. 15, p. 164, 51. Le terme « inditus » est défini de la manière suivante dans la question « utrum in anima humana sint aliqui habitus naturaliter inditi » du manuscrit Naples, Bibl. Naz. VII. C. 4 : « Est ergo intellectus quaestionis (*inv.*) utrum habitus animae qui (*ms.* : que) dicuntur virtutes sint naturaliter inditi ipsi animae. Esse naturaliter inditum, id est, quod esse simul cum natura accepit, sicut calor dicitur inditus naturaliter igni (*ms.* : igitur) et gravitas lapidi (*corr. ex* lapidis), sic quaeritur utrum virtutes sint naturaliter inditae animae vel acquirantur et sint supervenientes, et haec quaestio dubia est propter verba philosophorum et doctorum contra » (85rb). Jacques ne fournit pas de définition du vocable « innatus », mais celui-ci semble avoir le même sens qu'« inditus », car les deux termes sont employés indifféremment dans la même question. *Cf.* aussi *Quod.* II, q. 15, p. 164, 45-59. Dans les textes traduits dans le présent volume, « innatus » est employé seulement cinq fois ; dans chaque cas, nous le traduisons par « inné », alors que nous rendons « inditus » par « mis dans » ou « introduit dans ». Pour une étude détaillée de l'innéisme au Moyen Âge tardif, on consultera, de M. Pickavé, « Innate Cognition », dans *A Companion to Cognitive Theory in the Later Middle Ages*, Leuven, Leuven UP, à paraître, article qui comble un manque criant dans notre connaissance de l'histoire de

Les idonéités s'organisent en strates, des plus générales aux plus spécifiques. Les plus générales sont le sens, l'intellect et l'appétit. Le sens est en effet une pure disposition à l'égard de tout objet sensible ; l'intellect, une pure disposition à l'égard de tout intelligible ; l'appétit, une pure disposition à l'égard de tout appétible (22). Mais chacune de ces facultés se divise en idonéités plus spécifiques. Le sens, par exemple, se divise en sens intérieurs et extérieurs ; et ces derniers sont diversifiés suivant les différences de leurs objets. Il en va de même, nous dit le Viterbien, pour l'intellect et la volonté : « [l]a puissance intellective aussi est une idonéité générale à l'égard de tous les intelligibles, c'est-à-dire une conformité actuelle à l'égard de tous les intelligibles. Mais sur cette idonéité générale sont fondées d'autres [idonéités] spéciales suivant la diversité des intelligibles » (23)[1].

Jacques compare l'ordre qui prévaut entre les aptitudes de la volonté avec celui qui gouverne l'actuation de la matière (58). Ainsi, l'ordre naturel veut que la matière soit d'abord informée par la forme « animal », ensuite par la forme « cheval », et enfin par la forme de tel cheval particulier. De la même façon, « certaines aptitudes ou affections sont

---

l'innéisme. Les historiens qui ont cherché à retracer les origines de la conception moderne de l'innéisme, celle que préconisent Descartes et Leibniz et que combat Locke, se contentent généralement d'un examen des sources antiques, pour passer sans transition à la période moderne. C'est le cas, pour ne citer que deux exemples récents, de D. Scott dans *Recollection and Experience. Plato's theory of learning and its successors*, Cambridge, Cambridge UP, 1995, qui étudie en détail les positions de Platon et d'Aristote, ainsi que celles des philosophes hellénistiques, mais ne dit mot de la période médiévale ou patristique, ainsi que de F. Cowie, *What's Within ? Nativism Reconsidered*, New York, Oxford UP, 1999, p. 3-68.

1. *Cf.* (30).

antérieures aux autres par nature et l'âme est apte par nature à se mouvoir suivant ces affections-là ». C'est en vertu de cet ordre que la volonté veut d'abord la fin et ensuite les moyens (59), ou que l'âme se meut à la connaissance de la substance avant celle de l'accident (180).

Cette doctrine soulève une question importante que le Viterbien effleure sans fournir de réponse claire : jusqu'où se poursuit la division des idonéités ? Quelles en sont, pour ainsi dire, les espèces dernières ? Jacques nous dit bien à propos des sens que la division se poursuit « suivant les différences du sensible », mais cette indication est trop vague pour nous permettre de comprendre comment doit s'effectuer le « découpage » de la réalité. La même remarque vaut pour l'affirmation selon laquelle l'idonéité générale qu'est l'intellect serait fondée « sur d'autres [idonéités] spéciales suivant la diversité des intelligibles » (23). Y a-t-il, par exemple, autant d'idonéités qu'il y a de couleurs ou de tons d'une même couleur ? Autant d'idonéités qu'il y a d'intelligibles concevables ? Jacques avoue ne pas avoir de réponse, et se contente d'invoquer les limites de notre connaissance dans la vie présente (24).

Quoi qu'il en soit de ce point, le sens général de la doctrine est clair : il s'agit de doter l'âme d'un système d'aptitudes innées, organisées des plus générales aux plus spécifiques, qui jouent un rôle analogue dans la vie de l'esprit aux raisons séminales dans la matière [1]. C'est là un point important, caractéristique, nous y reviendrons plus loin, de l'innéisme viterbien : en attribuant à l'âme des aptitudes spécifiques, Jacques entend clairement marquer que c'est tout le contenu informationnel cognitif qui est présent dans l'âme sous formes de semences, et

---

[1]. Cf. *Quod.* II, q. 5, p. 82, 776-782.

non seulement les principes ou les idées générales [1]. Outre que la doctrine se recommandait à ses yeux par le fait qu'elle s'accordait avec celle d'Augustin et de Boèce (102), (112), (130), (131), elle comportait également deux autres avantages importants. Tout d'abord, elle s'accordait mieux avec la thèse que l'expérience de la volonté comme libre et « automotrice ». Ensuite, elle constituait une explication philosophique plus plausible du mécanisme de la connaissance que les explications rivales, en particulier les doctrines de l'abstraction, qui postulaient l'existence d'une différence réelle entre l'intellect agent et l'intellect possible. C'est ce qu'il nous appartient de voir en examinant la démarche de l'auteur dans le *Quodlibet* I, question 7, relatif à la volonté, et le *Quodlibet* I, questions 12 et 13, qui traitent de l'intellect.

LE *QUODLIBET* I, QUAESTIO 7

« Le mouvement de la volonté vers la fin est-il l'acte de la volonté ou de l'intellect ? ». Tel est l'intitulé de la question 7 du premier *Quodlibet*. Question fort débattue à l'époque du Viterbien, mais dont la réponse pour celui-ci ne fait pas

---

1. La position du Viterbien, sur ce point, évoque d'assez près le « nativisme » professé par J. Fodor dans un article célèbre (« The Present Status of the Innateness Controversy », dans *Representations*, Cambridge (Mass.), MIT Press, 1981, p. 257-333), dont nous reproduisons ici un passage significatif (p. 273) : « ... whereas the Empiricist says that many lexical concepts are logical constructs out of primitive concepts which are, in turn, made available by the activation of the sensorium, the Nativist says that the triggering of the sensorium is, normally, causally necessary and sufficient for the availability of *all* concepts except those that are patently phrasal ». Les italiques sont de nous.

l'ombre d'un doute : « Il me paraît nécessaire de dire, sans préjudice [d'une meilleure réponse], que la volonté se meut de soi (*ex se*) à vouloir tout ce qu'elle veut, peu importe que [cet objet voulu] soit une fin ou en vue d'une fin, et [qu'elle se meut] de telle façon qu'elle se rapporte à l'égard de l'acte de vouloir d'une façon qui n'est ni purement passive ni purement active »[1]. L'« exséité » du mouvement volontaire peut se montrer de plusieurs façons, mais elle se démontre le plus clairement à partir de la liberté de la volonté et de son « empire » sur les autres puissances de la volonté.

Jacques est conscient que cette position se heurte à un certain nombre d'objections. Elle paraît tout d'abord contrevenir au principe aristotélicien selon lequel « tout ce qui est mû est mû par un autre » (1). Ensuite, elle implique qu'une chose puisse être en même temps et relativement au même en puissance et en acte (2). Jacques va d'abord passer en revue trois façons de répondre à ces difficultés, qu'il va toutefois écarter. La première est que la volonté est motrice selon une partie d'elle-même et mue selon une autre partie. – Solution intenable, car elle implique la divisibilité des puissances de l'âme (3), (4)[2]. La deuxième est inspirée de Proclus (5). Elle

---

1. « Ad quod sine praeiudicio videtur mihi esse dicendum, quod voluntas movetur ex se ad volendum quodcumque volitum, sive sit finis sive sit aliquid ad finem, ita quod ad actum volendi non se habet pure passive, sed se habet active », *Quod.* I, q. 7, p. 82, 98-101.

2. *Cf.* Thomas d'Aquin, qui applique cet argument au cas de l'intellect : « Unde nihil prohibet unam et eandem animam, inquantum est immaterialis in actu, habere aliquam virtutem per quam faciat immaterialia in actu abstrahendo a conditionibus individualis materiae, quae quidem virtus dicitur intellectus agens ; et aliam virtutem receptivam huiusmodi specierum, quae dicitur intellectus possibilis, inquantum est in potentia ad huiusmodi species », *Summa*

attribue à tout ce qui peut faire conversion sur soi la capacité de se mouvoir. Or tel serait le cas de l'âme d'après une définition des *Éléments de théologie* : autre solution erronée, car si elle a le mérite de concevoir l'âme comme indivisible, elle contrevient à l'axiome aristotélicien susdit (6). Selon la troisième et dernière possibilité (7), qui semble correspondre à la doctrine d'Henri de Gand [1], l'âme, tout en étant indivisible, peut être en même temps en puissance et en acte, mais pas de la même façon : la volonté serait en acte *virtuellement* vis-à-vis de son acte de vouloir, mais elle serait en puissance *formellement* à l'égard de ce même acte. Mais le Viterbien écarte également cette solution au motif, encore une fois, qu'elle introduit une diversité dans les agents au sein de la volonté (8).

C'est la thèse d'Anselme selon laquelle « la volonté se meut au moyen de ses affections » qui constitue la clé de l'énigme (10), à condition de la comprendre correctement. Avant d'expliciter ce point, Jacques présente l'exposé (11)-(31) détaillé de la doctrine des idonéités, dont nous avons résumé l'essentiel ci-dessus et sur laquelle nous ne reviendrons pas ici. Son objectif dans cette longue séquence est clair : montrer la convergence entre sa reconstruction de la doctrine de Simplicius et l'enseignement d'Anselme. Rappelons qu'au chapitre 11 du livre III du *De concordia*, texte souvent invoqué par les maîtres du XIIIe siècle dans le contexte de questions

Theologiae, Ia, q. 79, a. 4, ad 4m, cura et studio Instituti Studiorum Medievalium Ottaviensis, Ottawa, Impensis Studii generalis O. Pr, 1941, p. 484b.

1. Cf. *Quod.* X, q. 9, R. Macken (ed.), Leuven, Leuven UP, 1981, p. 230-231 ; *cf.* R. Teske, « Henry of Ghent's Rejection of the Principle : "*Omne quod movetur ab alio movetur*" », dans *Henry of Ghent*, Proceedings from the International Colloquium on the Occasion of the 700th Anniversary of his Death (1293), W. Vanhamel (dir.), Leuven, Leuven UP, 1996, p. 291.

consacrées à la volonté[1], Anselme opérait une triple distinction au sein d'une faculté donnée : l'instrument de cette
faculté ; la manière dont cet instrument est affecté ; son utilisation concrète. Ainsi, la volonté est l'instrument dont l'âme se
sert pour vouloir – on parle de « volonté instrument ». L'affection de l'âme désigne l'orientation particulière de son inclination, la volonté de dormir ou de marcher par exemple – c'est ce
que Jacques nomme la « volonté affection ». Enfin, l'« utilisation » (*usus*) est tout simplement la réalisation concrète d'une
certaine affection de l'âme appelée « volonté utilisation ». Fait
significatif : Anselme donnait aussi le nom d'aptitude aux
affections, et ce qu'il en disait invitait tout naturellement à
les rapprocher des « idonéités » simpliciennes, dont le terme
« aptitudes » est d'ailleurs un synonyme dans le lexique du
Viterbien. Ainsi la vue a-t-elle plusieurs aptitudes selon le théologien du Bec : 1) celle de voir la lumière ; 2) celle de voir des
figures grâce à la lumière ; 3) celle, enfin, de voir les couleurs
grâce aux figures. La volonté, pour sa part, en possède deux
principales : la volonté de justice (*rectitudo*) et la volonté
d'utilité (*commoditas*). Jacques identifiera la volonté instrument à une idonéité générale, et les affections aux idonéités
spéciales (30)[2]. Enfin, comparant le rapport de la volonté
instrument aux autres puissances vitales, Anselme expliquait,
dans la conclusion de son chapitre, que la volonté instrument

---

1. *Cf.* R. Macken, « Heinrich von Gent im Gespräch mit seinen
Zeitgenossen über die menschliche Freiheit », *Franziskanische Studien* 59
(1977), p. 171-172.

2. Pour la distinction entre les deux classes d'idonéité, voir la *Quaestio*
« utrum potentia volendi dicatur una res absoluta », une des huit questions
De divinis praedicamentis qui demeurent inédites. Voir, en particulier, le
manuscrit Naples, Bibl. Naz., VII. C. 4, f. 64rb.

est ce qui meut tous les autres instruments : le corps ou les pensées, si bien que l'on peut dire que la volonté « se meut au moyen de ses affections » et même que « l'instrument se meut lui-même », conclusion qui allait évidemment dans le sens voulu par le Viterbien.

Il reste toutefois à voir comment une telle doctrine permet de résoudre la difficulté initiale sans verser dans les erreurs mises en cause dans les trois solutions évoquées plus haut. À cette fin, notre auteur introduit une distinction entre deux types de motion : la motion formelle et la motion efficiente (33), (34). La motion efficiente est la motion transitive qu'exerce une substance qui possède une forme complète. Seule une substance qui possède une forme complète peut causer la présence de cette même forme dans un autre corps. Ainsi, c'est parce que le feu possède la forme de la chaleur que celui-ci peut « transmettre » cette forme à un autre corps. À l'inverse, l'échauffement de ce corps n'est possible que sous l'action de la chose qui possède la forme complète de la chaleur : toute motion efficiente chez l'être qui en est l'objet est donc une motion *ab alio*. Tel n'est pas le cas du deuxième type de motion, la motion formelle (32)-(36) : celle-ci procède d'une chose qui possède une forme incomplète ; c'est une motion du même au même. Une chose possédant une telle forme peut donc se mouvoir de soi (*ex se*) formellement. Elle tend naturellement à sa perfection et la posséderait toujours si elle n'en était empêchée. Jacques donne l'exemple de la chute d'un corps lourd. La gravité est une forme incomplète qui incline le corps à tomber, et tout corps qui possède cette forme tomberait effectivement s'il n'en était empêché par un obstacle.

C'est en vertu de ce deuxième type de motion que la volonté se meut par ses affections, c'est-à-dire par ses aptitudes ou ses idonéités. De même qu'un corps lourd, en vertu de la forme incomplète de la gravité, se meut formellement mais non de manière efficiente vers le bas, de même, la volonté se meut formellement à vouloir par le biais de ses affections (41). Mais alors que le grave ne contient qu'une seule forme – la forme de la gravité –, les affections de l'âme sont multiples, à raison de la multiplicité des objets vers lesquels la volonté, l'intellect ou le sens sont aptes à se porter [1].

Jacques mentionne une autre différence capitale entre l'auto-motion de la volonté et celle des graves, qui tient au caractère intentionnel de l'acte de volonté : comme l'acte de luire ou de dégager de la chaleur, la motion formelle est une action absolue ou intransitive, qui ne « passe » pas dans un autre sujet. Mais elle est plus que cela. Les actes volontaires appartiennent à la classe des actions par lesquelles l'âme se conforme aux choses ; à ce titre ils tendent vers un terme, ce qui les distingue des actions absolues à part entière (44), (145) [2].

Ces points posés, notre auteur procède de (46) à (49) à l'énumération des différents types de motion [3]. Une chose peut se mouvoir de soi (*ex se* ou *a se*) en vertu d'une motion formelle ou efficiente. Une motion peut lui échoir par soi (*per se*), si elle lui convient essentiellement, ou par accident (*per accidens*), si elle imprime cette motion à une chose différente.

---

1. Cf. *Quod.* II, q. 7, p. 105, 19-26.

2. Cf. *Quod.* IV, q. 25. Pour cette façon de concevoir le rapport de l'intellect à son objet, voir Pierre de Jean Olivi, *Quaestiones in secundum librum Sententiarum*, B. Jansen (ed.), Ad Claras Aquas (Quaracchi), Ex Typographia Collegii S. Bonaventurae, 1926, q. 72, p. 40 et p. 51.

3. *Cf.* (62). Voir également la *Quaestio* « Utrum ad actum volendi voluntas principalius operetur potentia ipsa, quae est voluntas, quam obiectum vel econverso » du manuscrit Naples, Bibl. Naz., VII. C. 4, f. 67r, dans laquelle Jacques distingue six espèces d'opération « quorum quidam sunt motus, alii non ».

Ainsi, la volonté, comme le corps, se meut de soi selon une motion formelle par soi, autrement dit, il revient à la volonté de se mouvoir elle-même selon une motion formelle qui lui appartient d'essence. Mais la volonté peut aussi mouvoir l'intellect ou ses puissances spéciales; on dit alors qu'elle exerce une motion efficiente par soi sur les facultés qu'elle met en mouvement et qu'elle se meut elle-même selon une motion efficiente par accident. De même, le corps lourd, en déplaçant le milieu, exerce à son encontre une motion efficiente par soi et se meut lui-même suivant une motion efficiente par accident.

La réponse aux deux objections initiales suit sans difficultés. À l'objection d'Aristote selon laquelle tout ce qui est mû est mû par une autre, Jacques répond que cela est vrai pour ce qui est de la motion efficiente, mais non de la motion formelle (51).

En réponse à la seconde objection – si la volonté est mue *ex se*, elle serait en acte et en puissance en même temps et sous le même rapport –, il rétorque que l'objection présume que la volonté se meut par soi et à titre premier de manière efficiente. Si la volonté était animée d'un tel mouvement, elle serait effectivement en acte et en puissance en même temps et sous le même rapport. Mais il n'en va plus de même si l'on pose que la volonté se meut de soi formellement par soi et à titre premier. Dans ce cas, en effet, la même chose serait en acte et en puissance, mais pas sous le même rapport, puisque la volonté serait à la fois en acte incomplet et en puissance à son complément (52).

Cette même distinction permet de discerner le fond de vérité que contient la tentative de solution d'Henri de Gand : si, par « virtuellement en acte », on veut bien comprendre, non pas « en acte selon une raison plus éminente », mais bien « en acte de manière incomplète et selon une idonéité», la thèse du théologien gantois, juge le Viterbien, est vraie (53).

L'extrait se termine par une sorte d'éloge de la volonté qu'introduit une objection tacite : pour avoir la capacité de se mouvoir elle-même la volonté ne jouit d'aucune prééminence par rapport au monde physique, puisque des objets inertes possèdent la même propriété (61). S'il est vrai, à la rigueur (*aliquo modo*), concède le Viterbien, qu'un corps lourd se meut lui-même, cela est vrai tout particulièrement de la volonté en raison de sa liberté. La volonté a beau mouvoir un autre de manière efficiente (l'intellect) ou être mue de manière efficiente par un autre (Dieu), c'est toujours *librement* qu'elle se meut elle-même, « [e]t parce que la volonté se meut librement, il s'ensuit que c'est d'une façon spéciale qu'il appartient à l'âme d'être mue de soi » (61) thèse que Jacques étaye de force citations augustiniennes (62), (63).

LE *QUODLIBET* I, QUAESTIO 12

La question 12 demande si l'intellect agent est quelque chose qui appartient à l'âme. Après avoir distingué dans la première partie (72)-(75) deux sens du mot « intellect » – l'intellect d'Anaxagore, principe cosmique, et l'intellect principe d'intellection –, Jacques indique que la question porte sur l'intellect entendu dans ce deuxième sens ; elle est de savoir si l'intellect agent en tant qu'il est ce qui produit l'intellection en nous est une partie de l'âme ou un principe intellectuel subsistant par soi. Le plan de la *quaestio* s'articule en quatre parties. Si la deuxième partie (76)-(101), consacrée à un historique des principales doctrines de l'intellect agent, semble s'inscrire dans la réalisation de l'objectif initialement annoncé, le propos des trois parties suivantes, c'est-à-dire de l'essentiel de la *quaestio*, est davantage de montrer l'inutilité de postuler deux intellects au sein de l'âme humaine. Voyons chacune de ces parties tour à tour.

L'exposé historique aligne cinq positions principales relativement au statut de l'intellect, présentées par ordre croissant de plausibilité, chacune étant suivie d'une appréciation critique. Cet exposé témoigne d'une connaissance approfondie des commentateurs grecs d'Aristote dont le Viterbien est un fervent lecteur [1].

La première opinion, attribuée à Platon et à Augustin, identifie l'intellect agent à Dieu. Jacques fait observer que cette thèse est sans doute vraie, mais incomplète, dans la mesure où l'intellect requiert, outre la causalité de Dieu, une causalité qui lui est propre (78).

Sont rangés sous la seconde opinion tous ceux qui identifient l'intellect agent à un principe transcendant autre que Dieu : Alexandre, Avicenne et Averroès. Notre auteur leur fait le même reproche que celui qu'il avait adressé aux tenants de l'hypothèse précédente, à savoir que l'existence d'une ou plusieurs causes transcendantes de l'intellection est insuffisante pour rendre compte de celle-ci, car cette cause transcendante présuppose l'existence d'un principe intellectif propre à l'homme (80), (81). Qui plus est, l'hypothèse d'une « union » de l'intellect humain avec l'intellect agent séparé serait contraire à la « saine doctrine ».

La troisième opinion a pour caractéristique d'admettre l'existence séparée de l'intellect agent tout en posant l'existence de deux intellects au sein de l'âme individuelle. Si

---

1. *Cf.* les articles de L.J. Bataillon et de E. Mahoney (*supra*, p. 10, n. 1).

l'intellect en puissance est connaturel à l'âme, l'intellect agent, lui, entre dans l'âme de l'extérieur (*de foris*), en actualisant parfois (*quandoque*; *aliquando*) l'intellect en puissance. Jacques décèle la forme générale de cette position, imputée à d'anonymes *Platonici*, dans le commentaire au livre III du *De anima* de Jean Philopon. Il s'attache ensuite (83), (84) à en détailler une variante qu'il connaît de toute évidence de première main : celle de Thémistius, dont il cite de nombreux passages de la paraphrase au *De anima*, et qui se distingue de la position de Philopon par le fait qu'elle reconnaît à l'âme individuelle un intellect « producteur » et un intellect possible immanents[1]. Selon Thémistius, l'intellection résulterait de l'illumination de l'intellect possible par l'intellect producteur. Mais ni l'une ni l'autre de ces variantes ne trouve grâce aux yeux de notre auteur qui juge redondante l'existence de deux principes intellectifs – l'intellect producteur et l'intellect possible (« il y aurait dans l'âme, en même temps et par rapport aux mêmes objets, deux modes d'intellection, et ce, à titre naturel ») – et inutile, au regard de la connaissance surnaturelle, l'existence d'une faculté, l'intellect possible, dont le propre serait d'avoir un rapport aux images (85).

La quatrième et dernière position des docteurs « anciens » est relatée par Philopon. Elle ramène la différence entre l'intellect agent et l'intellect en puissance à une différence d'états ou de perfections de la même faculté : c'est le même

1. C'est ainsi, en tout cas, que la comprend le Viterbien qui a peut-être été, sur ce point, comme Thomas d'Aquin avant lui, « abusé » par la traduction de Guillaume de Moerbeke. Voir, sur cette question, O. Ballériaux, « Thémistius et l'exégèse de la noétique aristotélicienne », *Revue de philosophie ancienne*, 7 (1989), p. 221-222. Je remercie Jean-Baptiste Brenet d'avoir attiré mon attention sur cet article.

intellect, en effet, qui est tantôt en puissance de savoir une certain chose, tantôt en acte de savoir cette même chose. Le défi est alors d'expliquer le passage de la puissance à l'acte. Or, puisque « rien ne passe de la puissance à l'acte si ce n'est sous l'action d'un autre étant en acte », les tenants de cette quatrième position soutiennent que c'est l'intellect du maître qui est la cause recherchée. Et s'il est vrai que l'intellect possible peut parfois se hisser lui-même à la connaissance en acte, c'est à tout le moins à l'aide de principes universels fournis par le savant. Mais c'est là accorder une bien trop grande part de causalité à un agent extérieur à l'âme. Si Jacques est prêt à concéder que le maître est une des causes de la production de l'acte intellectif, ce ne saurait être à titre principal, mais bien à titre d'instrument ou d'« assistant ».

Reste une dernière possibilité, celle que Jacques discute et critique le plus longuement, et qui est attribuée à des « Docteurs modernes ». À l'instar de la quatrième position, elle pose que l'intellect est tantôt en puissance, tantôt en acte, mais à la différence de cette dernière, c'est à l'intellect agent qu'est conférée la fonction de faire passer l'intellect de la puissance à l'acte, à la faveur d'un processus d'abstraction au moyen duquel les intelligibles en puissance deviennent intelligibles en acte. Le compte rendu que fournit Jacques de Viterbe aux paragraphes (92) et (93) de cette théorie peut évoquer les positions de Thomas d'Aquin ou de Gilles de Rome, mais les précisions qu'il apporte aux paragraphes (94) et (95) montrent que c'est à Godefroid de Fontaines qu'il pense.

Godefroid acceptait en effet les grandes lignes du modèle abstractif de la connaissance, distinguant d'une part le phantasme, qui recèle l'intelligible en puissance, et, d'autre part, l'abstraction exercée par l'intellect agent, mais il était embarrassé par le problème de la nature de leur interaction :

comment, en effet, concevoir qu'une faculté immatérielle puisse exercer une action sur des images inscrites dans une faculté organique ? La solution du théologien liégeois consistait à distinguer entre « séparation réelle » et « séparation selon le mouvement » : l'image, sous l'illumination de l'intellect agent, a la capacité de mouvoir l'intellect possible relativement à l'essence de la chose qu'elle représente, mais non relativement à ses conditions matérielles (94) [1]. C'est ainsi que le lait, qui est réellement blanc et sucré, peut, sous l'éclairage de la lumière, mouvoir le milieu sous l'espèce du blanc sans l'espèce du sucré, sans que cette capacité implique que le blanc et le sucré soient réellement séparés l'un de l'autre (95) [2].

1. « Ergo si praesente illustratione intellectus agentis, phantasma sive id quod in phantasmate repraesentatur fit intelligibile actu et movens intellectum possibilem actu, videtur aliquid esse factum in ipso quod prius non erat ; et tunc redit difficultas supra inducta : quia omnis dispositio possibilis esse in phantasmate vel in phantastico est singulare et modum singularem habens, cum tali autem dispositione non potest phantasma movere intellectum, ideo videtur dicendum quod huiusmodi actio vel operatio intellectus agentis non est positiva sic quod faciat aliquam dispositionem positivam et formalem subiective in phantasmate ; sed est huiusmodi operatio vel actio per modum cuiusdam remotionis et abstractionis vel sequestrationis unius ab altero, non quidem secundum rem, sed secundum immutandi rationem », Godefroid de Fontaines, *Quod.* V, q. 10, M. De Wulf et J. Hoffmans (éds.), Louvain, Institut supérieur de philosophie de l'Université, 1914, p. 37.

2. « Sicut enim si poneretur quod, cum albedo et dulcedo lactis simul sunt quod lac, per seipsum absque praesentia luminis non posset se facere in medio secundum speciem coloris vel albi quin faceret se secundum speciem dulcis, sed lumine praesente facere posset se secundum speciem albi absque specie dulcis […], ita etiam cum in obiecto sensibili et singulari quod est aliqua substantia materialis puta hic lapis, apprehenso per speciem phantasmatis singulariter, aliud sit secundum rem ipsa quidditas, et aliud est designatio per accidentales dispositiones individuantes … », Godefroid de Fontaines, *Quod.* V, q. 10, éd. De Wulf et Hoffmans, *op. cit.*, p. 37-38. *Cf.* l'article de

Jacques reste dubitatif devant une telle tentative. Il va soulever trois difficultés qui visent à montrer la fausseté de l'hypothèse d'un intellect agent distinct. Le premier argument (97), (98) consiste à dire que si l'on pose un intellect agent au motif que les objets de l'intellect sont intelligibles en puissance, il faudrait de même postuler un sens agent – ce à quoi se refusent pourtant les partisans de l'intellect agent –, puisque les objets des sens sont également sensibles en puissance[1]. Le second argument (99) est particulièrement redoutable, car il a pour effet de montrer que le modèle abstractif n'est pas simplement faux, mais inutile, quand même il serait vrai. En effet, le phantasme ne recelant que des informations relevant des accidents de la substance – couleurs, formes, mouvements, etc., puisque seuls ces derniers sont perceptibles –, comment l'abstraction, exercée à partir de ces informations accidentelles, pourrait-elle conduire à la connaissance de la substance? C'est à cette difficulté qu'est consacrée la question 13. Enfin, troisième et dernière difficulté (100): si l'intellect agent est une puissance innée de l'âme, il doit intervenir dans l'explication de la connaissance surnaturelle aussi bien que de la connaissance ici-bas, ce que même les partisans de la distinction des deux intellects ne sauraient admettre.

J. Wippel, «The role of the Phantasm in Godfrey of Fontaines' Theory of Intellection», dans C. Wenin (dir.), *L'homme et son univers au Moyen Âge*, Actes du septième congrès international de philosophie médiévale (30 août-4 septembre 1982), t. 2, Louvain-la-Neuve, Éditions de l'Institut supérieur de philosophie, 1986, p. 573-582.

1. Sur la question du sens agent, on consultera l'étude d'A. Pattin, *Pour l'histoire du sens agent. La controverse entre Barthélémy de Bruges et Jean de Jandun, ses antécédents et son évolution*, Leuven, Leuven UP, 1988.

La thèse de Jacques de Viterbe, exposée dans la troisième partie, est que l'intellect agent et l'intellect en puissance ne sont pas des puissances réellement distinctes de l'âme, mais que c'est une seule et même puissance qui est à la fois en acte et en puissance, ou plutôt, pour le dire dans le langage du Viterbien, c'est une seule et même puissance qui est active et passive. Que l'âme ne soit pas purement passive, comme semble le supposer Godefroid de Fontaines, mais qu'elle soit également active, cela peut se montrer de trois manières. D'abord, par les propriétés des « actions vitales » (106). En effet, tout être vivant possède un principe interne de ses opéra-tions. C'est déjà vrai pour des actions qui sont communes à tous les vivants. Il s'ensuit, et à plus forte raison, que ce sera vrai des actions qui sont l'apanage des vivants, notamment les actes cognitifs. Deuxièmement, par le rapport entre les actions et les agents dont elles procèdent (107). Une action ne saurait, en effet, « dépasser » la puissance qui l'engendre. Jacques en conclut que les actions intellectives « procèdent davantage de l'âme même que des objets » (107). Troisièmement, par le type d'action que représentent les opérations cognitives : celles-ci sont en effet des actions *immanentes*.

Quelle est donc cette puissance en vertu de laquelle l'âme peut être qualifiée d'active et de passive ? On aura deviné qu'il s'agit des idonéités. Pourtant, Jacques est conscient qu'elle soulève un certain nombre de difficultés, et c'est la discussion de ces difficultés qui va faire l'objet de la cinquième partie de la *quaestio*.

Un premier problème est que la position du Viterbien selon laquelle il n'y aurait qu'un seul intellect semble contredire les affirmations du Stagirite. Mais Jacques fait observer, non sans raison, que les propos d'Aristote relatifs à la nature des intel-lects sont loin d'être clairs. Certes, il y a bien des différences (*differentias*) au sein de l'âme, mais différence n'implique pas diversité réelle, sinon il y aurait autant d'intellects qu'il y a de fonctions intellectives. Si l'on peut, suivant Aristote, comprendre le rapport de l'intellect agent à l'intellect possible à celui de l'art à la matière, il convient de comprendre ce dernier rapport à la façon de Thémistius : l'art ne se rapporte pas à la matière comme à une chose extérieure, mais l'imprègne de part en part ; les deux ne font qu'un, mais cette unité peut être envisagée sous plusieurs angles (122).

La deuxième *dubitatio* a ceci d'intéressant qu'elle contraint Jacques à situer sa position vis-à-vis de l'innéisme platonicien et de l'« extrinsécisme » d'Aristote. Nous avons dit plus haut que le platonisme, interprété comme la thèse que l'âme est dotée de formes innées connaturelles et en acte que la connaissance a pour but de réveiller, est considéré par l'ensemble des auteurs de l'époque, « augustiniens » ou non, comme une erreur philosophique. On pourrait ajouter que les « lemmes » d'Aristote relatifs à l'intellection et à la nature de l'intellect étaient généralement considérés comme autant de thèses vraies, même par ceux qui rejetaient l'inspiration générale de la noétique du Stagirite. Or, selon une de ces thèses, l'âme serait comme une tablette sur laquelle rien n'est écrit en acte, thèse qui est de prime abord difficilement conciliable avec la doctrine des idonéités, et dont la négation pouvait paraître conduire au platonisme (115)[1]. Le défi auquel fait face Jacques de Viterbe est de montrer que sa doctrine ne réédite pas l'erreur

---

1. Pour un bref historique du thème de la « table rase » de l'Antiquité à la Renaissance, on consultera, de P.J.J.M. Bakker, *Tabula rasa*, Nijmegen, Nijmegen UB, 2009 (http://webdoc.ubn.ru.nl/mono/b/bakker_p/tabura.pdf).

de Platon, tout en montrant qu'il adhère aux principes énoncés par Aristote.

Jacques répond en alléguant la distinction qu'il avait établie antérieurement entre actes complets et incomplets. En tant qu'aptitudes connaturelles à l'âme, les idonéités sont bien des actes, mais des actes incomplets; il est donc exclu que l'âme soit en puissance à leur égard. En revanche, on peut fort bien dire qu'elle est en puissance à l'égard de l'acte complet[1]. On tient là également la réponse à l'objection que la négation de la thèse aristotélicienne mène au platonisme. Celui-ci implique l'infusion de la science (en acte) dans l'âme avant l'union au corps, alors que la position de Jacques est que l'âme a été produite munie d'aptitudes naturelles vis-à-vis de la science, au moyen desquelles l'âme est à même de se porter à la connaissance en acte. Les aptitudes ne sont pas pure puissance, mais elles ne constituent pas des actes complets (126), (127).

La troisième *dubitatio*, celle que notre auteur discute le plus longuement, concerne la fonction des images ou phantasmes dans le mécanisme cognitif. Aristote explique en *De anima*, III, 7 que « les images sont à l'âme ce que les sensibles [sont aux sens] » : comme les sensibles meuvent le sens, force serait de conclure que les images aussi meuvent l'intellect. Dans sa réponse, Jacques énonce d'emblée sa position : l'intellect se meut de soi (*ex se*); il n'est mû par les images que *par mode d'excitation et d'inclination*. Une chose donnée, disons *a*, en meut une autre, disons *b*, par mode d'excitation, si 1) *a* est en acte et si 2) *a* présente un rapport de convenance ou de ressemblance avec l'acte vers lequel *b* est apte à se mouvoir de

1. *Cf.* (19).

soi. On peut supposer que Jacques a en tête le scénario suivant : l'image de Socrate présente un rapport de convenance avec le concept « homme », lequel n'est autre que l'acte complet d'une aptitude correspondante, susceptible de s'épanouir en cet acte complet en présence de cette image. Il en va de même du sens, à une différence près : les sensibles mettent en mouvement les organes sensoriels ; une fois actués, ces derniers présentent un rapport de convenance et de ressemblance avec l'acte complet qu'est susceptible de revêtir l'idonéité sensitive appropriée. La différence est alors que les sens meuvent la puissance sensitive par l'intermédiaire de la motion des organes sensoriels, alors que l'image meut par une motion qui n'est autre que l'acte de comprendre.

On n'est guère surpris de voir le Viterbien citer à l'appui de sa théorie des extraits de la *Consolation de la philosophie* de Boèce ainsi que des passages tirés du *De musica* ou du *De trinitate* d'Augustin (130). Mais il cherche également à se rapprocher d'Aristote, en laissant entendre que si le Stagirite n'a pas parlé de l'automotion de l'intellect et du sens, c'était parce que les mutations organiques étaient « plus manifestes ».

Le lecteur ne sera évidemment pas dupe d'une telle manœuvre : le propos du Viterbien, quoi qu'il en ait, a clairement pour conséquence d'exténuer le rôle de l'objet dans la genèse de l'acte cognitif en interdisant la possibilité d'un quelconque *transfert d'information* (de la chose, du sens, de l'image à l'intellect)[1]. L'intellect n'a pas, comme chez Thomas d'Aquin, à « préparer » le phantasme pour le rendre recevable par l'intellect possible – « il n'est pas requis que

---

1. C'est là d'ailleurs le reproche qui est explicitement formulé à l'endroit des Académiciens. *Cf.* (139).

l'intellect confère un pouvoir aux images, quoi qu'elles soient moins nobles que l'intellect » (113), (134), (148) –, puisque le contenu du phantasme, justement, n'est pas reçu. La « convenance » effective qui unit le contenu intellectif à son image préexiste à la motion excitative, laquelle n'a d'autre fonction que de rendre cette convenance manifeste. L'objet se trouve donc dépouillé de toute causalité formelle ou efficiente dans la genèse de l'acte de connaissance, comme le reconnaît *expressis verbis* notre auteur. Ce qui cause l'intellection à titre principal, c'est d'abord Dieu, en tant que cause efficiente, et ensuite l'âme, en tant que cause formelle ; les sens et l'imagination ne meuvent que par excitation. Une telle façon de voir, fait valoir notre auteur, n'est d'ailleurs pas très différente de la position préconisée par les partisans de l'abstraction – Jacques fait ici allusion à Thomas [1] – pour qui les images ne sont que des causes *instrumentales* de la connaissance.

On peut prendre la mesure de cette exténuation du rôle de l'objet dans sa fonction formelle ou efficiente en lisant le paragraphe (145) où sont distinguées deux façons dont la science est causée en nous par les objets. La première est celle que nous venons de résumer : les choses sont cause dans la mesure où

---

1. *Cf.* Thomas d'Aquin, *De veritate*, q. 10, a. 6, ad 7m, cura et studio Fratrum praedicatorum (en fait A. Dondaine), Romae, 1972, p. 314, 277-292 : « Ad septimum dicendum quod in receptione qua intellectus possibilis species rerum accipit a phantasmatibus, se habent phantasmata ut agens instrumentale vel secundarium, intellectus vero agens ut agens principale et primum ; et ideo effectus actionis relinquitur in intellectu possibili secundum condicionem utriusque et non secundum condicionem alterius tantum ; et ideo intellectus possibilis recipit formas ut intelligibiles actu ex virtute intellectus agentis, sed ut similitudines determinatarum rerum ex cognitione phantasmatum, et sic formae intelligibiles in actu non sunt per se existentes neque in phantasia neque in intellectu agente, sed solum in intellectu possibili ».

l'intellect est mû par les sens par mode d'excitation. Mais les objets sont cause d'une deuxième façon : dans la mesure où ils constituent le *terme* de l'acte cognitif. C'est l'âme qui se conforme aux choses, non les choses qui se conforment à l'âme. En d'autres mots, les objets extra mentaux meuvent à titre de *fin*, et comme la fin n'exerce qu'une motion métaphorique, c'est *metaphorice* également que l'objet meut l'intellect.

Quel sens peut encore avoir l'idée d'abstraction dans un tel système ? C'est, en substance, la teneur de la quatrième *dubitatio* (117). Tout dépend de la façon dont on comprend le terme « abstraction » répond le Viterbien. Si, par abstraction, on entend un acte par lequel l'intellect éclaire les images et les dépouille de leurs notes individuelles, alors l'intellect n'abstrait pas ; si, en revanche, par abstraction, on entend parler de l'acte, consécutif à la motion excitative des images, par lequel l'intellect se meut à connaître « sous un mode plus pur que l'imagination », alors il est légitime de parler d'abstraction. Encore une fois, Jacques cherche à tout prix à éviter de comprendre l'action conjuguée de l'image et de l'intellect comme une interaction. C'est ce qu'il montre en explicitant la thèse selon laquelle ce qui est intelligible en puissance devient intelligible en acte par la vertu de l'intellect agent : c'est ce qui se produit lorsque les aptitudes innées s'épanouissent en actes intellectifs complets à la faveur de l'excitation imaginative, non pas, ajoute le Viterbien, parce que l'intellect conférerait un quelconque pouvoir aux images qui habiliterait celles-ci à agir sur l'intellect. L'intellection est donc une affaire essentiellement interne à l'intellect. Jacques conclut en laissant entendre qu'Aristote ne disait pas autre chose : renvoyant à *De anima*, III, 5, et à la comparaison du rapport de l'intellect agent à l'intellect possible au rapport de l'art à la matière, il relève que chez le Stagirite l'action de l'intellect agent ne porte pas sur l'image mais bien sur l'intellect possible[1].

Alors que les quatre premières objections portaient sur des problèmes techniques précis relatifs au mécanisme intellectif tel que le concevait le Viterbien, la cinquième *dubitatio* (150)-(154), elle, interroge la doctrine des idonéités dans une optique anthropologique : si l'âme est dotée d'aptitudes innées, si les sens et l'imagination se trouvent relégués au rôle d'une cause purement excitative, n'est-ce pas en vain que l'âme est unie au corps ? Mais cette objection ne porte que parce qu'elle présuppose une conception de l'union que notre auteur estime erronée : s'il est vrai que la fin prochaine de l'âme et du corps est la perfection qui leur échoit par suite de leur union, ils n'atteignent pas cette perfection de la même manière : le corps reçoit sa perfection de l'âme qui l'informe, mais l'âme tire la sienne du « gouvernement » qu'elle exerce à l'égard du corps. Parce qu'elle accède ainsi à la dignité d'une cause, elle ressemble à Dieu, « [c]ar la fin de l'âme n'est pas la perfection du corps, mais une assimilation à ce qui est meilleur que l'âme et le corps. Or cela est Dieu » (151).

Enfin, à l'argument par la sagesse divine au nom duquel Thomas d'Aquin est amené à valoriser le rôle joué par le corps dans l'acquisition de la connaissance, Jacques répond par un argument « eschatologique » : la thèse que l'âme puisse tirer sa perfection de son « administration » du corps ne saurait choquer que ceux qui croient que la vocation de l'âme est

---

1. De manière générale, Jacques distingue le texte d'Aristote, avec lequel il cherche souvent à se rapprocher ou dont il atténue les divergences par rapport à sa propre pensée, des interprétations, anciennes et modernes d'Aristote, avec lesquelles il est dans un franc désaccord qu'il cherche rarement à cacher.

d'être détachée du corps, au lieu que la conception catholique veut plutôt que l'âme régisse le corps *perpetuo*.

LE *QUODLIBET* I, QUAESTIO 13

La question 13 du premier *Quodlibet* («L'âme dans cette vie pense-t-elle la substance grâce à une espèce propre à cette substance?») est consacrée à un problème à la fois simple et redoutable qui paraît avoir été formulé pour la première fois dans les années 1260 par Eustache d'Arras, mais dont la discussion la plus influente est due à Richard de Mediavilla, dont les arguments seront ensuite repris et étudiés par l'ensemble des maîtres de la fin du XIIIe et du début du XIVe siècles[1]. Richard demandait, en *In II Sent.*, d. 24, q. 3, si nous connaissons la

---

1. Pour Eustache, voir «Utrum anima rationalis corpori coniuncta cognoscat per intellectum formas substantiales, sive quidditates rerum», dans *De humanae cognitionis ratione anecdota quaedam seraphici doctoris sancti Bonaventurae et nonnullorum ipsius discipulorum*, Collegium S. Bonaventurae, Ex Typographia Collegii S. Bonaventurae, 1883, p. 187-195. Richard de Mediavilla discute du problème dans son commentaire aux Sentences (*Super Quatuor libros sententiarum Petri Lombardi quaestiones subtilissimae*, Brescia, 1591, p. 309a-311a; rééd. Francfort, Minerva, 1963), ainsi que dans une question disputée, conservée dans un manuscrit d'Oxford (Merton College 139, Oxford, ff. 144ra-146va), que j'ai pu lire dans la transcription qu'en a réalisée Aurélien Robert. Pour une liste d'auteurs de la fin du XIIIe siècle et du XIVe ayant réfléchi sur cette question, voir A. Robert, «Scepticisme ou renoncement au dogme? Interpréter l'eucharistie aux XIIIe et XIVe siècles», $\chi\acute{\omega}\rho\alpha$–*REAM* 6 (2008), p. 274-276. Sur la question de la connaissance de la substance en liaison avec la doctrine de l'abstraction, voir A. Robert, «L'universalité réduite au discours. Sur quelques théories franciscaines de l'abstraction à la fin du XIIIe siècle», *Documenti e Studi sulla tradizione filosofica medievale* XVIII (2007), p. 363-393.

substance par une espèce propre à celle-ci. Il ne voyait guère que deux possibilités : ou bien les espèces de la substance viennent directement de la substance des choses – auquel cas ces dernières sont connues par des espèces qui leur sont propres –, ou bien elles sont connues à partir des espèces de leurs propriétés via la perception sensible.

Contre la première hypothèse, il avançait plusieurs arguments, dont deux correspondent exactement aux objections énoncées par Jacques aux paragraphes (161) et (162) contre la connaissance d'une substance par son espèce propre. D'abord, si nous connaissions la substance d'une chose par son espèce, nous pourrions savoir que l'espèce du pain n'est pas sous les accidents, alors que nous n'en avons pas la connaissance mais la croyance de foi certaine[1]. Ensuite, connaître une chose par son espèce propre, c'est la connaître de manière intuitive, c'est-à-dire d'une manière telle que je sois conduit directement, à partir de la connaissance de cette espèce, à la connaissance de ce dont elle est l'espèce. Or ce n'est pas ainsi que nous acquérons la connaissance des choses, mais bien par voie discursive[2]. Richard en concluait que la seule façon de

---

1. Richard de Mediavilla, *In II Sent.*, dist. 24, a. 3, *op. cit.*, p. 310b : « Praeterea in sacramento altaris non remanet substantia panis, sed eius accidentia : & tamen per illa accidentia ita posset homo deuenire in cognitionem substantiae panis, sicut posset, si illis accidentibus subesset substantia : aliter enim per naturam posset homo cognoscere per inquisitionem, quod illis accidentibus non subesset substantia, cum tamen via nature hoc scire non possimus, sed certa fide credimus ».

2. *Ibid.*, p. 310a : « … cum aliqua res cognoscitur per propriam eius speciem, aliam a verbo, illa species directe ducit virtutem cognitiuam in id cuius est species : sed quod sic cognoscitur cognitione intuitiua cognoscitur, […] substantia autem ignis, vel aque, et sic de alijs non cognoscitur ab intellectu

connaître la substance est par inférence à partir de la connaissance des propriétés. En somme, Richard de Mediavilla plaçait
les partisans de l'abstraction devant le dilemme suivant: ou
bien la connaissance de la substance est une connaissance intuitive, ce que vous niez, ou bien elle est une connaissance par
accidents interposés, ce que vous affirmez, auquel cas, elle
n'est plus une connaissance *de* la substance.

Ces arguments allaient exercer une influence décisive sur
les débats en théorie de la connaissance dans la dernière
décennie du XIIIe siècle et au début du XIVe. Si certains, comme
Gilles de Rome ou Thomas Sutton[1], persisteront à croire à
l'idée d'un transfert de l'information substantielle par les
accidents, d'autres, tout en continuant à parler d'abstraction
et d'espèces, y renonceront: ce sera le cas de Duns Scot, qui
ne se lasse pas de dire que la connaissance des accidents ne
peut donner lieu à aucune connaissance quidditative de la
substance[2]. Jacques prend acte de cet échec de la théorie de

nostro, cognitione intuitiua: experimur enim nos intelligere quidditates
substantiarum, per argumentationem ».

1. *Cf.* Thomas Sutton, *Quaestiones ordinariae*, q. 21, J. Schneider (ed.),
Munich, Verlag der bayerischen Akademie der Wissenschaften, 1977,
p. 569-592.

2. Voir, par exemple, Duns Scot, *Ordinatio* I, dist. 3, pars 1, q. 3, studio et
cura Commissionis scotisticae ad fidem codicum edita, praeside Carolo Balič,
Città del Vaticano, Typis polyglottis vaticanis, 1954 (*Doctoris subtilis et
mariani Ioannis Duns Scoti Ordinis Fratrum minorum Opera omnia*, v. III),
p. 86, 18 et p. 87, 8, et *Lectura in primum librum Sententiarum* I, dist. 3, pars 1,
q. 1-2, Civitas Vaticana, Typis Polyglottis Vaticanis, 1960 (*Opera omnia*,
v. XVI), p. 266, 1-7. Voir l'article de G. Pini, « Scotus on knowing and naming
natural kinds », *History of Philosophy Quarterly* 26/3 (2009), p. 255-274.
Cf. également les remarques de T. Noone, « The Problem of the Knowability of
Substance: The Discussion from Eustachius of Arras to Vital du Four », dans
Essays in Honor of Prof. Stephen F. Brown's 75th Birthday, à paraître.

l'abstraction et y voit un argument de poids en faveur de sa théorie des idonéités, tout en cherchant à intégrer des éléments de la solution « inférentielle » de Richard de Mediavilla. C'est ce que nous allons voir à présent.

Après avoir, dans l'introduction, énoncé les deux positions rivales – celle de Richard selon laquelle il n'y a pas de connaissance par une espèce propre à la substance, et, *in contrarium*, la thèse que l'objet est présent à l'âme par une espèce –, Jacques consacre une première partie terminologique à préciser le sens pertinent du mot « espèce » (165)-(168). Il s'attache ensuite, dans la seconde partie (169)-(181), à déterminer en quel sens il est légitime de parler d'espèces dans l'intellect. Pour ce faire, il contraste deux doctrines, la doctrine de l'espèce acquise, préconisée par les partisans de l'abstraction, en l'occurrence Thomas d'Aquin et Godefroid de Fontaines, et sa propre doctrine des idonéités. Dans la troisième partie (181)-(197), le Viterbien montre que cette doctrine explique aussi bien la connaissance que la théorie de l'abstraction sans prêter le flanc aux mêmes difficultés. Enfin, une dernière partie (198)-(201) est consacrée à la réponse aux deux objections citées dans l'introduction.

Retraçons rapidement sa démarche à partir de la seconde partie. Encore une fois, Jacques emprunte les traits de sa caractérisation générale de la doctrine de l'abstraction à Thomas d'Aquin. Celle-ci est décrite comme impliquant l'acquisition par l'intellect agent de similitudes à partir d'images décrites comme exerçant une causalité instrumentale (169)[1]. Il distingue ensuite deux façons de comprendre l'espèce (170), (171), qui semblent correspondre, respectivement, à celle de

---

1. *Cf.* le passage du *De veritate*, *supra*, p. 38, n. 1.

Godefroid, qui soutient que l'espèce ne serait rien d'autre que « l'acte ou l'opération de comprendre » (170)[1], et à celle de Thomas, selon lequel l'espèce serait à concevoir comme un « principe d'opération »[2].

Jacques s'attache ensuite à discerner les raisons qui ont incité les partisans de l'abstraction à recourir aux espèces. Il en repère quatre principales. L'espèce serait d'abord nécessaire pour représenter l'objet : puisque c'est l'objet qui passe pour être la cause de la motion subie par l'intellect, mais que celui-ci, en raison de son immatérialité, est incapable de subir cette action directement, force serait de postuler un représentant mental qui tienne lieu de l'objet[3] : l'espèce intelligible. Elle serait nécessaire, ensuite, afin de dématérialiser,

---

1. Godefroid de Fontaines, *Quod.* IX, q. 19, J. Hoffmans (éd.), Louvain, Institut supérieur de philosophie de l'Université, 1928, p. 275 : « …intellectus possibilis reducitur de potentia in actum secundum actum qui dicitur intelligere sic quod ipsum intelligere et nihil aliud virtute intellectus agentis movente obiecto fit in ipso intellectu possibili ut perfectione secunda ipsum perficiens et informans et ipsi ut perfectio eius secunda et accidentalis inhaerens. Et quia huiusmodi condiciones conveniunt formae et speciei, ipsum intelligere etiam potest dici species sive forma ».

2. *Cf.* Thomas d'Aquin, *Summa contra Gentiles*, I, 53, cura et studio C. Pera, coadiuv. P. Marc, Taurini-Romae, Marietti, 1961, n. 444 : « Haec autem intentio intellecta, cum sit quasi terminus intelligibilis operationis, est aliud a specie intelligibili quae facit intellectum in actu, quam oportet considerari ut intelligibilis operationis principium : licet utrumque sit rei intellectae similitudo. Per hoc enim quod species intelligibilis quae est forma intellectus et intelligendi principium, est similitudo rei exterioris, sequitur quod intellectus intentionem formet illi rei similem … ». Voir aussi *In IV Sent.* d. 50, a. q, a. 3, co, et *De ver.* q. 10, a. 5, co.

3. *Cf.* Thomas d'Aquin, *Summa contra Gentiles*, *op. cit.*, III, 49, n. 2268 : « Omnis intelligibilis species per quam intelligitur quidditas vel essentia alicuius rei, comprehendit in repraesentando rem illam ».

d'«épurer» l'objet ou, plutôt, la forme de cet objet[1]. Troisièmement, elle est nécessaire à titre de cause de l'opération de
l'intellect[2]. Elle est nécessaire, enfin, pour conserver les
espèces[3].

Pourtant, aucune de ces raisons n'est décisive: on peut
tout aussi bien expliquer la connaissance à l'aide d'aptitudes
innées. Mais si les deux explications sont possibles, pourquoi
opter pour celle du Viterbien? Aussi Jacques ne se borne-t-il
pas à dire que sa position est simplement «possible», il va
aussi montrer qu'elle constitue une meilleure explication du
phénomène de la connaissance. Ce sera l'objet de la quatrième
partie.

Le problème est formulé d'entrée de jeu:

> [I]l faut observer que, dans l'hypothèse de ceux qui prétendent
> que les espèces sont causées dans l'intellect par les images,
> il n'est pas facile de voir comment l'intellect connaît la
> substance. En effet, on ne voit pas comment l'image, qui par
> soi est une ressemblance d'un accident, peut causer dans
> l'intellect la ressemblance d'une substance, [et ce,] que le mot
> «ressemblance» renvoie à l'acte de penser ou à l'espèce qui est
> le principe de cet acte. C'est ce qui explique qu'il y ait, parmi

---

1. *Ibid.*, II, 62, n. 1413: «Species non est intelligibilis actu nisi secundum
quod est depurata ab esse materiali».

2. *Cf.* Thomas d'Aquin, *In I Sent.*, lib. 1, d. 27 q. 2 a. 2 qc. 1 co.,
P. Mandonnet (éd.), Paris, Lethielleux, 1929, p. 658: «Unde oportet quod
verbum vel dicatur ipsa operatio intelligendi, vel ipsa species quae est similitudo rei intellectae; et sine utroque istorum non potest quis intelligere:
utrumque enim istorum est id quo quis intelligit formaliter».

3. *Cf.* Thomas d'Aquin, *De unitate intellectus*, c. 4, cura et studio Fratrum
praedicatorum, Roma, Editori di San Tommaso, 1976, p. 309, 171-172:
«Manifestum est enim quod species conseruantur in intellectu, est enim locus
specierum…».

les partisans de la thèse que les espèces sont causées dans l'intellect par les images, une pluralité d'opinions concernant l'ordre et la manière suivant lesquels l'intellect pense la substance (183).

Jacques énumère ensuite quatre positions, dont il se garde d'identifier les auteurs, et qu'il s'abstient de critiquer, mais qu'il considère comme autant de variantes d'une même position erronée. Ces positions se répartissent en deux groupes. Selon le premier groupe, la substance n'est pas connue directement, mais bien par l'intermédiaire de la connaissance de ses propriétés accidentelles qui conduisent l'intellect à la connaissance de la substance, comme l'effet conduit à la connaissance de la cause (184). Il s'ensuit, conclut Jacques de Viterbe, qu'une connaissance « parfaite » de la substance n'est pas possible dans l'état de voie. Il s'agit là de toute évidence de la position de Richard de Mediavilla.

La thèse d'une connaissance directe de la substance est représentée par trois variantes. Toutes seraient fondées sur le postulat – admis par le Viterbien – que la substance est ce qui est connue en premier lieu. La première variante pose que la chose extra mentale dans toute son essence (*tota res*) est multipliée par l'espèce, de sorte que l'espèce de la substance se trouve dans le sens et l'imagination, mais « dissimulée » parmi les accidents. Jacques pense ici sans doute à Roger Bacon[1].

---

1. *Cf.* Roger Bacon, *De multiplicatione specierum*, D. Lindberg (ed.), dans *Roger Bacon's Philosophy of Nature*, Critical edition with English translation, introduction, and notes of *De multiplicatione specierum* and *De speculis comburentibus*, Oxford, Clarendon Press, 1983, p. 26, 88-92 : « Quinque enim sensus particulares et sensus communis, et si volumus adiungere eis ymaginationem […], non comprehendunt nisi accidentia, quamvis per eos transeant species formarum substantialium ». Sur la doctrine de la *species* de Bacon et son

Selon la seconde variante, l'accident peut engendrer l'espèce de la substance dans l'intellect, dans la mesure où il opère « sous le pouvoir » de la substance, à la manière dont le feu engendre le feu par le truchement de l'accident de la chaleur qui opère sous le pouvoir du feu. C'est la doctrine de Gilles de Rome, exposée notamment dans le *De cognitione angelorum*[1].

La troisième et dernière variante pose que c'est l'intellect agent, du fait qu'il contient en puissance (*in virtute*) tous les intelligibles, qui produit l'espèce par son action sur l'image, thèse qui se trouve dans des termes très proches chez le même Gilles de Rome[2].

influence sur la pensée médiévale, voir le chapitre 1 de l'ouvrage classique de K. Tachau, *Vision and certitude in the age of Ockham: optics, epistemology, and the foundations of semantics, 1250-1345*, Leiden, Brill, 1988.

1. *Cf.* Gilles de Rome, *De cognitione angelorum*, Venise, 1503 (rééd. Francfort, Minerva, 1968), f. 81v : « Nunc autem videmus quod licet virtutes active sint accidentia, tamen per huius accidentia, quia agunt in virtute forme substantialis agentis inducunt substantialem formam ; nam licet in igne non sit virtus activa nisi calor, ignis tamen calefaciendo generat ignem, et calor igneus in virtute forme ignis inducit formam substantialem ignis : sic et in proposito : dato quod fantasia non esset susceptiva nisi intentionun accidentalium ; tamen quia intentiones accidentium agunt in virtute intentionis substantiae : ut cum intellectus noster sit susceptivus similitudinis substantiae intentiones accidentium existentes in fantasia agunt in duplici virtute : videlicet in virtute luminis intellectus agentis ; et quantum ad hoc potest movere intellectum possibilem. Licet ipse non sint actu et formaliter intelligibiles, agunt etiam in virtute forme substantialis et quantum ad hoc possunt causare in intellectu similitudinem substantialem ». *Cf.* aussi, du même auteur, *Quod.* V, q. 21, Venise, 1502, f. 67r, p. 329b et *Super Librum primum Posteriorum Analyticorum*, c. 18, Venise, 1488 (rééd. Francfort, Minerva, 1967), g 7 v.

2. *Quod.* I, 13, p. 189, 208-211. *Cf.* Gilles de Rome, *Super librum de causis*, Venise, 1550 (rééd. Francfort, Minerva, 1968), f. 63G : « … anima humana in sui primordio, antequam acquirat aliquam speciem intelligibilem, licet non sit

Après avoir exposé ces différentes variantes, Jacques observe qu'« il n'est pas difficile » – entendons : il est plus facile – de comprendre comment l'âme peut connaître la substance des choses si l'on pose que les espèces des substances existent sous forme innée plutôt que de supposer qu'elles sont acquises des images par abstraction. Thèse avantageuse, d'une part, parce qu'elle rend possible *en droit* la connaissance parfaite de la substance, ce que la position inductiviste de Richard de Mediavilla interdisait, et, d'autre part, parce qu'elle rend compte de cette capacité sans recourir, comme le faisaient Roger Bacon et Gilles de Rome, à des mécanismes contre intuitifs et pour tout dire *ad hoc*. La réponse du Viterbien est donc claire : c'est par une espèce propre à une substance, à savoir l'aptitude innée qui lui correspond, que nous acquérons la connaissance de cette substance. Et telle est bien la conclusion qu'il tire au paragraphe (192), avec toutefois une précision importante :

> Ainsi donc, à la question : « L'âme ici-bas pense-t-elle la substance par une espèce qui soit propre à la substance ? » il faut répondre que *si nous parlons de l'espèce qui est dans l'intellect*, la substance est pensée par son espèce propre, [peu importe] que l'espèce renvoie à l'aptitude qui est mise en elle [et] par laquelle l'intellect se meut à penser, ou bien qu'elle renvoie à la connaissance en acte [1].

Nous connaissons la substance par une espèce qui lui est propre si, par espèce, nous entendons celle « qui est dans l'intellect ». Car, ainsi qu'il nous l'apprend au paragraphe

formaliter actu in genere intelligibilium, est tamen virtualiter actu in genere ipso intelligibilium ».

1. Les italiques sont de nous.

(194), Jacques distingue, outre l'espèce qui est dans l'intellect (parce qu'elle s'y trouve déjà), celle qui est dans l'imagination (en provenance des sens). Est-ce à dire que nous ne pouvons pas connaître la substance d'une chose à partir de l'espèce qui est dans l'imagination, parce que cette espèce ne serait pas propre à la substance ? Contre toute attente, c'est le contraire que soutient Jacques de Viterbe : nous pouvons parfois parvenir à une certaine connaissance d'une chose à partir de la connaissance d'une autre, comme il arrive lorsque nous connaissons la cause par son effet. De même, il est possible de connaître la substance par l'espèce de son accident. C'est là d'ailleurs le lot de la connaissance humaine ici-bas : parce que « l'âme dans l'état de cette vie ne comprend rien sans images » (195), toute connaissance de la substance se fait nécessairement par accidents interposés. Cette réponse ne serait incohérente que si Jacques, à l'instar de Gilles de Rome et de Godefroid de Fontaines, concevait l'action du sens sur l'âme comme un *transfert* d'information. Or nous avons vu qu'il n'en était rien. Ainsi qu'il le rappelle en (195) et (196), l'image ne meut l'intellect que par mode d'excitation. Comme nous l'avons dit plus haut, ce genre de motion exige un rapport de convenance, mais non pas une identité formelle entre le moteur et la chose mue. Il s'ensuit que, « bien que cette espèce ne relève de la substance que par accident, puisque la substance n'est connue par le sens que par accident […] ; néanmoins, à cause du rapport déterminé qui relie l'accident à la substance, elle incite l'intellect à la connaissance de la substance par son espèce propre » (197). C'est ainsi que l'intellect d'une façon comprend la substance par une espèce propre, et d'une autre façon non.

Il reste à répondre aux objections de Richard de Mediavilla (si nous connaissions la substance par une espèce propre,

1) nous pourrions savoir dans le « sacrement de l'autel » que les espèces ne sont pas celles du pain, et 2) toute connaissance serait intuitive). En réponse à la première objection, Jacques accorde à Richard que l'intellect de l'homme n'a pas la capacité de savoir si les accidents sont sous-tendus par la substance du pain ou celle du corps du Christ. Grâce au rapport de conformité qu'entretiennent les accidents et la substance, les accidents excitent l'intellect à la connaissance de la substance du pain, que celle-ci soit ou non réellement présente (199).

À la seconde objection Jacques répond en concédant à Richard que connaître est le fruit d'une recherche, mais en niant que ce fait soit incompatible avec une connaissance intuitive de la substance. Toute connaissance commence par une appréhension confuse de son objet. C'est justement afin de préciser ces données initiales que nous usons ensuite d'une démarche discursive, en « traquant la définition de la chose, soit par le moyen de ses propriétés, soit au moyen de la division et de la composition »[1]. Par la connaissance des propriétés, nous parvenons à une connaissance « parfaite » de la substance, qui conduit à son tour à une connaissance parfaite des accidents. Jacques distingue donc, au total, quatre étapes distinctes dans le processus cognitif :

1) la connaissance confuse de la substance à partir d'une espèce propre à cette dernière présente dans l'intellect sous forme d'aptitude à l'occasion d'une perception sensible ;
2) la connaissance imparfaite des accidents ;
3) la connaissance parfaite de la substance ;
4) la connaissance parfaite des accidents.

---

1. *Quod.* I, q. 13, p. 191, 294-296.

Outre qu'il permet de combiner les deux modèles de
connaissance – le modèle simplicien et le modèle mediavil-
lien –, un tel schéma présente un avantage supplémentaire aux
yeux du Viterbien : il permet d'accorder sa position avec deux
thèses clés de la métaphysique et de la noétique d'Aristote :
la thèse de l'antériorité de la substance sur les accidents
– puisque la connaissance de la substance précède dans les
deux cas celle des accidents –, et la thèse selon laquelle les
accidents « jouent un grand rôle dans la connaissance de la
quiddité ». Jacques en tire une conclusion capitale, à savoir
que le fait qu'une démarche discursive soit nécessaire pour la
connaissance d'une substance n'empêche pas que celle-ci soit
connue par une espèce qui lui est propre. Le recours aux sens
est une étape nécessaire mais non suffisante pour l'obtention
de la connaissance[1]. Inversement, la présence d'« aptitudes »
dans l'âme est une condition *sine qua non* pour penser le
monde, puisque catégories mentales et catégories ontolo-
giques dérivent d'une commune origine : Dieu[2], garant de leur
identité formelle. Mais leur simple présence dans l'intellect
ne saurait déboucher sur une connaissance effective, du

---

1. Si les motivations qui inspirent le Viterbien paraissent claires, on peut
regretter qu'il n'ait pas décrit avec plus de précisions la façon exacte dont
s'articulent les deux modèles, immanentiste et inductiviste. On voit mal, par
exemple, comment la connaissance de la substance, même confuse, peut
précéder celle des accidents, comme le veut la première étape de son modèle,
d'autant que le cas de l'eucharistie, explicitement abordé en réponse à la
première des deux questions, implique une perception préalable des accidents.
En ce sens, le schéma quadripartite du Viterbien se présente davantage
comme l'énoncé des *desiderata* d'une noétique idéale que comme une théorie
véritablement explicative.

2. *Quod.* II, q. 5, p. 82, 776-788 ; *Quod.* I, q. 14, p. 195, 92-94.

moins dans l'état de voie, sans l'intervention de la perception sensible et de l'imagination [1].

CONCLUSION

La doctrine viterbienne des idonéités présente d'évidentes affinités avec les noétiques de plusieurs maîtres du XIIIᵉ siècle de tendance augustinienne. Guillaume d'Auvergne, Thomas d'York, Jean Peckham, Mathieu d'Aquasparta, Roger Marston : autant d'auteurs qui partagent avec le Viterbien un certain nombre de convictions fondamentales touchant notre vie psychique. La principale est peut-être la réticence, qui est un refus pur et simple dans le cas de Jacques, d'admettre un transfert – ce que Jacques de Viterbe appelle une *transmutatio*, et que d'autres comme Jean Peckham ou Vital du Four nomment une *migratio* – de la chose à l'intellect, réticence qui serait peut-être elle-même fondée sur la répugnance, commune à tous les augustinismes, à admettre que l'intellect puisse « mendier » son information auprès d'une faculté inférieure. Cette conviction détermine deux thèses :

1) C'est l'intellect qui produit les espèces ou les formes.
2) Le sens n'exerce qu'une causalité occasionnelle ou excitative sur l'action de l'intellect.

Comme il existe une cohérence entre les modifications sensorielles et les espèces – les modifications sensorielles induites par une pomme se traduisent par la production de l'espèce « pomme » –, et que celle-ci ne peut s'expliquer par

1. *Quod.* I, q. 14, p. 196, 98-100.

un transfert d'information, on tend à en rendre compte de deux manières. D'abord, en invoquant une liaison des deux facultés – sens et intellect – qui ont leur siège dans la même âme individuelle (93), (94), (128), (131) : c'est ce que la plupart nomme *colligatio* ou *colligantia* et que Jacques de Viterbe appelle une *coniunctio*[1] ; ensuite, en postulant l'existence d'une homologie entre l'acte des puissances imaginatives ou sensitives et l'acte de l'intellect, ce que Jacques appelle une *convenientia habitudinis*, mais qui est indépendante du mécanisme de production de connaissance et antérieure à celui-ci.

L'existence d'éléments doctrinaux communs ne saurait faire oublier les différences individuelles parfois marquées entre auteurs. Nous aimerions, pour terminer, évoquer un point précis de la noétique du Viterbien où celle-ci se distingue de manière tranchée de certaines figures mieux connues de l'innéisme du XIIIe siècle[2], celles, en l'occurrence, qu'analyse le franciscain Matthieu d'Aquasparta dans la troisième de ses *Quaestiones de cognitione* (« Les espèces sont-elles reçues des choses ou l'âme les recèle-t-elle en elle-même ? »[3]). Matthieu ne propose pas un panorama complet de la question, loin de là,

1. *Cf.* J.-P. Mueller, « Colligantia naturalis. La psychophysique humaine d'après saint Bonaventure et son école », dans *L'homme et son destin d'après les penseurs du Moyen Âge*, Actes du premier congrès international de philosophie médiévale, Louvain-Bruxelles, 28 août-4 septembre 1958, Louvain-Paris, Nauwelaerts, 1960, p. 495-503.

2. Sur l'innéisme au XIIIe siècle, voir L. Spruit, *Species intelligibilis. From perception to knowledge*, vol. 1, *Classical Roots and Medieval Discussions*, Leiden, Brill, 1994, chap. III, ainsi que M. Pickavé, « Innate Cognition », art. cit.

3. Matthieu d'Aquasparta, *Quaestiones de cognitione*, q. 3, dans *Quaestiones disputatae de fide et de cognitione*, cura Collegii S. Bonaventurae-Florentiae, Quaracchi-Ex Typographia Collegii S. Bonaventurae, 1957, p. 248-273.

mais il discerne trois positions très typées qui nous permettront de situer de façon commode la position du Viterbien.

Comme le laisse deviner l'intitulé de sa question, Matthieu distingue deux groupes : d'une part, ceux qui, suivant Aristote, tiennent que les espèces sont reçues des choses et, d'autre part, ceux qui, s'inspirant de saint Augustin, soutiennent qu'elles sont produites par l'âme. Au sein de cette dernière famille, il distingue deux positions. Selon la première, l'âme serait dotée dès sa création de semences concréées et innées « et de puissances quasi-actives relativement aux objets de tous les arts et sciences, de la même façon que la matière naturelle recèle des raisons séminales et des puissances actives, qui ne relèvent pas de l'essence de la matière, mais sont introduites dans la matière et surajoutées [à elle] lors de la création première du monde »[1]. Les tenants de la seconde position s'accordent avec la première pour n'admettre qu'une causalité excitative des sens, mais ils nient que l'âme possède des espèces innées.

Les éditeurs des *Quaestiones de cognitione* ont eu raison de voir en Jean Peckham et en Guillaume d'Auvergne des représentants de cette dernière tendance. Peckham, par exemple, dans le *respondeo* d'une des questions de son *Tractatus de anima*, compare l'activité de l'intellect à celle de la cire vis-à-vis du sceau, car de même que l'empreinte est due à la

---

1. Voici le texte complet (*ibid.*, q. 3, p. 257, 24-31) : « Quidam enim eorum dicunt quod anima a suae conditionis principio, hoc ipso quod est natura intellectiva, habet sibi concreata, indita et innata quaedam seminaria vel radices et quasi activas potentias respectu omnium specierum intelligibilium omnium artium et scientiarum, quemadmodum materia naturalis habet in se rationes seminales et activas quasdam potentias, quae non sunt de essentia materiae, sed materiae inditae et superadditae in prima mundi formatione ».

puissance de la cire [1], non à celle du sceau, « de même, l'âme possède quelque chose d'actif et quelque chose de matériel [et] pour ainsi dire de passif, qui est en puissance tout ce qui est compris, et qui devient une chose comprise en acte lorsqu'elle est excitée de l'extérieur et s'avance vers sa ressemblance » [2]. Pourtant, Peckham nie à la fois que les espèces soient imprimées de l'extérieur (*non per causam impressivam*) et qu'elles préexistent dans l'âme, affirmant plutôt que l'âme les tire de sa substance ou qu'elles naissent de soi (*nascuntur de se*), à l'occasion de la stimulation des sens [3].

Qu'en est-il maintenant de la première position [4]? À première lecture, celle-ci évoque d'assez près la doctrine de Jacques de Viterbe : les espèces sont qualifiées de semences

1. « Et certum est quod vestigium sigilli in cera fit de potentia cerae, non de aliquo quod migrat e sigillo », Jean Pekham, *Tractatus de anima*, G. Melani (ed.), Firenze, Edizioni Studi Francescani, 1948, p. 146.

2. « Ita enim anima habet aliquid activum et aliquid materiale quasi passivum, quod est in potentia omnia intellecta, et fit actu res intellecta dum excitatur ab extra et propellitur in eius similitudinem… », *ibid.*

3. Pour Guillaume d'Auvergne, voir *De universo*, secundae partis, pars II, c. III, Paris, 1674 (*Guilielmi Alverni Episcopi Parisiensis… Opera omnia*, t. 1), p. 1018b : « [I]llae (designationes) autem, quae fiunt in intellectu, sive apud intellectum, per ipsum ex natura, & per naturam fiunt, naturam inquam intellectus, quia mira velocitate atque agilitate format apud semetipsum designationes, quas a rebus non recipit, sed levissime commotus, exilissimeque excitatus ab illis, res ipsas sibi ipsi exhibet, & praesentat, & earum species sibi ipsi in semetipso format ». Voir, à ce propos, les remarques de J.-B. Brenet, dans Guillaume d'Auvergne, *De l'âme* (*VII, 1-9*), introd., trad. fr. et notes J.-B. Brenet, Paris, Vrin, 1998, p. 65-66.

4. Position qu'il conviendrait peut-être d'identifier à celle de Thomas d'York. *Cf.* F. Prezioso, « L'attività del sogetto pensante nella gnoseologia di Matteo d'Acquasparta e di Ruggero Marston », *Antonianum* 25 (1950), p. 268-270.

innées ; elles sont décrites comme des « puissances actives »
(*potentias quasdam activas*), ce qui rappelle la caractérisation
des idonéités comme étant à la fois actives et passives ; enfin,
elles se développent en actes (complets) à la faveur de l'excitation d'« agents extrinsèques », ce qui rejoint encore la position
du Viterbien. Elle s'en distingue toutefois sur au moins point
central qu'on peut mettre en lumière à partir de la critique de
Matthieu d'Aquasparta. Celui-ci rapporte que les partisans de
la position en question opposaient à la thèse aristotélicienne
d'un intellect en pure puissance la proposition X du *Livre des
causes* suivant laquelle « l'intellect est plein de formes »,
distinguant trois degrés de plénitude : au plus haut degré Dieu,
dont l'intellect contient en acte les espèces et les idées distinctes
des universels et des particuliers ; au niveau intermédiaire,
l'intellect angélique, qui ne possède en acte que les espèces des
universels ; et enfin, l'intellect humain, qui ne contient ces
espèces qu'en germe (*in radice*) et « sous une certaine confusion »[1]. Le problème que soulève cette version de la doctrine
des semences innées n'a pas échappé à Matthieu d'Aquasparta :
si les semences dont l'âme passe pour être dotée sont des
« principes universels » existant sous une certaine confusion,
elles sont forcément impuissantes à conduire l'intellect à une
connaissance *spécifique* ou *particulière*, sans l'apport d'une
source d'information extérieure, susceptible justement de
déterminer l'intellect à tel ou tel contenu précis. Or Jacques
de Viterbe, nous l'avons vu, affirme l'existence d'idonéités

---

1. Voir, sur la connaissance habituelle innée et confuse, l'article de
R.-A. Gauthier, « Le cours sur l'*Ethica nova* d'un maître ès arts de Paris (1235-
1240) », *Archives d'Histoire doctrinale et littéraire du Moyen Âge*, 42 (1975),
p. 83-92, qui examine de nombreux auteurs.

générales *et* spécifiques, qu'il attribue d'ailleurs, non pas simplement à l'intellect, mais aussi au sens et même, curieusement, à la volonté, allant jusqu'à dire que leur diversité suit celle des objets auxquels elles correspondent. Il professe, en conséquence, une forme d'innéisme beaucoup plus radicale que ne le fait le groupe anonyme épinglé par Matthieu d'Aquasparta, sans doute, même, la forme d'innéisme la plus radicale jamais professée par un scolastique.

REMARQUES SUR LA TRADUCTION

Jacques de Viterbe s'exprime dans un latin simple et clair mais d'une assez grande technicité. De manière générale, nous avons opté pour des traductions en français courant (par exemple « connaître » pour *intelligere*) pour rendre ces termes techniques, sauf lorsque le choix d'un terme plus recherché permettait d'éviter une ambiguïté ou une confusion. C'est précisément le cas du mot *idoneitas*, que nous rendons par « idonéité », suivant l'exemple de Ruello[1]. Ce décalque, attesté en français bien que peu usité, nous semblait tout désigné pour traduire un mot qui possède dans les textes qu'on va lire un sens très précis, qui interdit de le confondre avec l'aptitude, la capacité, la puissance, ou l'habitus, tous termes par ailleurs employés par le Viterbien, mais qui ont un sens différent. Autre exemple : le mot *motio*, que nous traduisons par « motion », pour éviter la confusion avec *motus*, rendu par « mouvement ».

---

1. F. Ruello, « Les fondements de la liberté humaine selon Jacques de Viterbe… », art. cit., p. 323.

Une autre difficulté était soulevée par la traduction des expressions *a se*, *a se ipso*, *per se* et *ex se*. Sur ce point, comme aucune traduction « naturelle » ne s'imposait, nous avons, là encore, suivi l'exemple de Ruello[1], en traduisant systématiquement *a se* et *per se* par « par soi », *ex se* par « de soi », et *a se ipso* par « par lui-même ».

Le français n'ayant pas comme le latin la possibilité de substantiver les participes ni, en raison de l'absence du neutre, celle de conférer un sens substantival à certains pronoms, nous avons, lorsque le sens et la lisibilité de la traduction l'imposaient, ajouté le mot « chose » flanqué de crochets droits : [ ]. Lorsque ce mot est écrit sans crochets, c'est qu'il correspond au latin *res*, sauf dans le cas de locutions pronominales comme « quelque chose » ou « autre chose », qui correspondent respectivement aux neutres indéfinis *aliquid* et *aliud*.

Nous avons eu recours au même artifice typologique pour identifier tous les autres mots dont l'ajout nous paraissait nécessaire afin de donner un sens grammatical ou syntaxique acceptable aux passages traduits.

Enfin, pour faciliter la lecture des trois questions, nous avons donné des titres à leurs parties principales, en suivant en cela les indications fournies par Jacques de Viterbe. Ces titres sont placés entre crochets droits.

---

1. *Ibid.*, p. 340.

JACQUES DE VITERBE

L'ÂME, L'INTELLECT
ET LA VOLONTÉ

QUODLIBETUM I

QUAESTIO SEPTIMA

Prima dubitatio

(1) Est igitur prima dubitatio circa hoc quod dictum est : voluntatem moveri ex se. Hoc enim ponere manifeste contrarium est his, quae ab Aristotele[a] probata sunt, in *Libro Physicorum*, scilicet quod «omne quod movetur, ab alio movetur». Nam et corpora simplicia, ut gravia et levia quae apparent moveri ex se, ostendit ab alio moveri. Similiter et animalia, quae dicuntur moveri ex se, ab alio moveri ostenduntur, quia non movent se ipsa primo, sed secundum unam partem movent, secundum aliam vero moventur. Et sic semper primo movens et primo motum sint realiter diversa.

(2) Amplius, eiusdem rationis est quod aliquid dicatur moveri ex se et quod dicatur agere in seipsum. Sed quod movet et agit secundum quod huiusmodi est in actu; quod autem movetur et patitur secundum quod huiusmodi est in potentia. Si igitur aliquid ex se movetur, simul erit in potentia

---

a. Aristoteles, *Physica*, VII, 1, 241b24.

QUODLIBET I

[Objections contre la thèse que la volonté est mue de soi]

(1) Il y a donc un premier doute à propos de ce qui a été dit, à savoir que la volonté est mue de soi. Cette thèse est manifestement contraire à ce qui a été prouvé par Aristote dans la *Physique*, à savoir que «tout ce qui est mû est mû par un autre». Car il prouve que les corps simples, comme les graves et les légers, qui paraissent être mus d'eux-mêmes, sont mus par autre chose. Semblablement, il montre que les animaux, qui passent pour être mus d'eux-mêmes, sont mus par autre chose, car ils ne se meuvent pas eux-mêmes à titre premier, mais ils meuvent selon une partie et sont mus selon une autre. Et ainsi, ce qui meut à titre premier et ce qui est mû à titre premier sont toujours réellement distincts.

(2) En outre, dire que quelque chose est mû de soi et dire qu'il agit sur lui-même, cela relève de la même notion. Mais ce qui meut et agit, en tant qu'il est ainsi, est en acte, alors que ce qui est mû et pâtit, en tant qu'il est ainsi, est en puissance. Si donc quelque chose est mû de soi, il sera à la fois en puissance

et in actu, quod, cum sit impossibile, nullo modo dicendum est voluntatem ex se moveri. Hinc est quod a Philosopho[a] potentia activa dicitur principium transmutandi aliud secundum quod aliud, et potentia passiva dicitur principium transmutandi ab alio secundum quod aliud. Ideoque unum et idem agens et patiens, movens et motum, esse non potest.

(3) Ad hoc autem, et his similia, multiplex potest esse responsio. Potest enim primo dici quod idem potest esse movens et motum et in potentia et in actu, non secundum idem, sed secundum aliud et aliud, sicut de animalibus dictum est. Voluntas igitur movet seipsam; non tamen secundum idem est movens et mota, sed secundum aliud et aliud, quia in ea est aliquid activum et aliquid passivum, sicut in intellectu ponitur a pluribus agens et possibile.

(4) Sed haec responsio non videtur acceptanda, quia non est consuetum dici, nec potest aliqua auctoritate firmari quod in voluntate sint duae potentiae, quarum una dicatur activa, alia vero passiva; immo est una simplex potentia. Et ideo si movet se secundum idem, erit movens et motum.

(5) Et ideo est alius modus dicendi, videlicet quod non est verum universaliter in omnibus, quod nihil agat in seipsum et quod non moveat aliquid seipsum. Licet enim in rebus corporeis verum sit, tamen in incorporeis nihil prohibet aliquid esse sui ipsius motivum. Nam, sicut esse ad seipsum conversivum

a. Aristoteles, *Metaphysica*, IX, 1, 1046a9-13.

et en acte. Or, comme cela est impossible, il ne faut aucune-
ment affirmer que la volonté est mue de soi. C'est pourquoi le
Philosophe dit que la puissance active est un principe de modi-
fier un autre en tant qu'autre, et que la puissance passive est un
principe d'être modifié par un autre en tant qu'autre. Ainsi,
une seule et même [chose] ne peut être agente et patiente,
motrice et mue.

[*Examen de quelques réponses possibles*]

(3) À cette objection, et à d'autres semblables, plusieurs
réponses sont possibles. On peut tout d'abord dire que la même
[chose] peut être motrice et mue, en puissance et en acte,
non relativement à la même [chose], mais relativement à
deux [choses] différentes, comme cela a été dit au sujet des
animaux. La volonté se meut donc elle-même, mais elle n'est
pas motrice et mue relativement à la même [chose], mais relativement à deux [choses] différentes, car il y a en elle quelque
chose d'actif et quelque chose de passif, comme il y a dans
l'intellect, selon plusieurs, un agent et un possible.

(4) Mais cette réponse ne semble pas acceptable, car on n'a
pas coutume de dire, et on ne peut prouver par aucune autorité,
qu'il y a deux puissances dans la volonté, dont l'une serait
active et l'autre passive : au contraire, il s'agit d'une puissance
une et simple. Si donc elle se meut relativement à la même
[chose], [une même chose] sera motrice et mue.

(5) Il y a donc une autre hypothèse, à savoir qu'il n'est pas
universellement vrai dans tous les cas que rien n'agit sur
soi et que rien ne se meut soi-même. Si cela est vrai dans le
cas des choses corporelles, toutefois, rien n'empêche, dans
le cas des incorporelles, que quelque chose soit son propre
moteur : de même que la propriété de faire retour sur soi

non convenit rebus corporeis, quia secundum Proclum, *XV Propositione*[a], «omne ad seipsum conversivum est incorporeum», convenit tamen rebus incorporeis, sicut voluntati et intellectui, sic etiam esse sui motivum rebus incorporeis convenit, licet corporeis minime convenire possit. Nam ex eodem videtur procedere quod aliquid sit se ipsum movens primo et quod sit ad seipsum conversivum. Unde dicit Proclus, *Propositione XVII*[b]: «Omne seipsum movens primo etiam ad seipsum conversivum». Et rationabiliter, ut enim ait idem Proclus, *XXXXII Propositione*[c]: «Omnis conversio per similitudinem efficitur eorum quae convertuntur ad id ad quod convertuntur». Et similiter in motione, qua aliquid movet seipsum, attenditur similitudo vel assimilatio eius quod movetur ad id quod movet.

(6) Sed et ista responsio non videtur sufficiens aliquibus. Cum enim actus et potentia consequantur ens in quantum ens, distinctio ipsorum extendit se ad omnia entia sive corporea sive incorporea. Ita quod sive sit aliquid incorporeum sive corporeum, non potest simul et secundum idem esse in potentia et in actu; et per consequens nec etiam sui ipsius motivum.

(7) Et propter hoc tertius modus solvendi quorumdam, qui dicunt quod idem secundum idem simul potest esse actu et potentia, sed non eodem modo. Sic autem est in voluntate. Est enim voluntas in actu quantum ad actum volitionis, non

---

a. Proclus, *Στοιχεῶσις θεολογική*, prop. XV, E.R. Dodds (ed.), dans Proclus, *The Elements of theology*, Oxford, Clarendon Press, 2ᵉ éd. 1963, p. 16; *Elementatio theologica, translata a Guillelmo de Morbecca*, H. Boese (ed.), Leuven, Leuven UP, 1987, p. 11.

b. *Ibid.*, prop. XVII, ed. Dodds, p. 18; ed. Boese, p. 12

c. *Ibid.*, prop. XXXII, ed. Dodds, p. 36; ed. Boese, p. 21.

ne convient pas aux choses corporelles – car, selon Proclus, proposition XV, « tout ce qui fait retour sur soi est incorporel » –, mais convient cependant aux choses incorporelles comme la volonté et l'intellect ; de même, aussi, se mouvoir soi-même appartient aux choses incorporelles, bien que cela ne puisse guère convenir aux corporelles. Le fait que quelque chose se meuve soi-même à titre premier et le fait qu'il puisse faire retour sur soi semblent être dus à la même raison. Aussi Proclus dit-il à la proposition XVII : « Tout ce qui se meut soi-même à titre premier fait aussi retour sur soi » ; [thèse qui est] conforme à la raison, comme le dit le même Proclus, proposition XXXII : « Tout retour sur soi résulte d'une ressemblance entre les [choses] qui retournent et ce vers quoi elles retournent ». Et semblablement, dans le mouvement par lequel quelque chose se meut soi-même, on relève une ressemblance ou une assimilation entre ce qui est mû et ce vers quoi cela est mû.

(6) Pourtant, certains jugent que cette réponse aussi est insuffisante. Vu que l'acte et la puissance accompagnent l'étant en tant qu'étant, leur distinction s'étend à tous les étants, peu importe qu'ils soient corporels ou incorporels. Ainsi, peu importe qu'une [chose] soit incorporelle ou corporelle, elle ne peut être en même temps et relativement à la même [chose] en puissance et en acte ; par conséquent, elle ne peut pas non plus se mouvoir elle-même.

(7) C'est pourquoi d'autres proposent une troisième solution. Ils disent que la même [chose] relativement à la même [chose] peut être en même temps en acte et en puissance, mais pas de la même manière. Ainsi en est-il de la volonté. Car la volonté, avant qu'elle ne soit mue, non

formaliter sed virtualiter, antequam moveatur; est autem in potentia ad huiusmodi actum formaliter. Quando igitur sic diversimode aliquid est actu et potentia, etiam secundum idem, tunc potest movere seipsum et erit secundum idem movens et motum. Et secundum hunc modum voluntas, existens in actu quantum ad volitionem virtualiter et existens in potentia formaliter, facit se de potentia in actum formaliter, et sic movet se.

(8) Sed et ista solutio aliquibus non videtur esse neque conveniens neque sufficiens. Nam esse actu formaliter et actu virtualiter facit quidem diversitatem in agentibus, quorum aliquod habet formam facti secundum eminentiorem rationem, et sic dicitur habere illam virtualiter; aliquod vero secundum eandem rationem, et sic dicitur habere illa formaliter. Sed iste diversus modus actualitatis numquam potest efficere ut aliquid seipsum dicatur movere, quia illud, quod est actuale virtualiter, numquam sit a seipso tale actu formaliter; alioquin sol posset seipsum facere actu calidum formaliter, cum sit actu calidus virtualiter.

(9) Quia igitur per nullam praedictarum solutionum videntur posse nitari rationes inductae, ideo oportet ulterius alia proferre in medium, per quae possit aliqualiter fieri manifestum quomodo voluntas movetur ex se, et tamen nullum ex hoc sequatur inconveniens nec aliquid repugnans his quae ab Aristotele sunt probatae.

formellement mais virtuellement, est en acte relativement à l'acte de volition ; elle est donc en puissance formellement à l'égard de ce type d'acte. Lorsque quelque chose est en acte et en puissance selon une telle diversité, même si c'est relativement à la même [chose], alors il peut se mouvoir lui-même et il sera, relativement à la même [chose], moteur et mû. De cette manière, la volonté, existant en acte virtuellement relativement à la volition, mais existant en puissance formellement [relativement à cette même volition], se porte formellement de la puissance à l'acte, et, de la sorte, se meut elle-même.

(8) Mais cette solution aussi paraît incongrue et insuffisante à certains. Car être en acte formellement et être en acte virtuellement, cela introduit certes une diversité chez les agents [en ce sens que] quelque chose en eux possède la forme de la chose faite selon une notion plus éminente – de sorte qu'on dit qu'il la possède virtuellement –, alors que quelque chose [d'autre] la possède selon la même notion –, de sorte qu'on dit qu'il la possède formellement. Mais cette diversité dans les modes d'actualité ne peut jamais faire qu'on dise de quelque chose qu'il se meut lui-même, car ce qui est actuel virtuellement ne peut jamais devenir par soi-même formellement en acte, car alors le soleil, qui est chaud virtuellement, pourrait se porter à l'acte formellement.

(9) Étant donné que les arguments invoqués ne paraissent pouvoir s'appuyer sur aucune des solutions susdites, il convient donc d'exposer en outre d'autres raisons à l'aide desquelles on peut d'une certaine façon rendre manifeste comment la volonté est mue de soi, sans qu'il en découle d'incohérence ni rien qui soit contraire aux démonstrations d'Aristote.

(10) Principium autem dicendi potest assumi ex auctoritate Anselmi, superius inducta, qui dicit quod voluntas movet se suis affectionibus[a]. Hoc enim, si convenienter et recte intelligatur, ianuam praedictae dubitationis aperiet. Ad huiusmodi igitur intellectum videre oportet primo, quid per huiusmodi affectiones intelligi debeat, et consequenter quomodo voluntas se huiusmodi affectionibus movet.

(11) Quantum autem ad primum, sciendum est quod secundum Philosophum, in *III De Anima*[b], anima est quodammodo omnia. Et sic omnia sunt aliquo modo in anima. Dicuntur autem aliqua esse in aliquo quatuor modis, quantum ad praesens.

(12) Uno modo materialiter et in potentia passiva; et hoc modo omnes formae materiales et omnia materialia sunt in materia.

(13) Secundo modo efficienter et in potentia activa; et hoc modo formae generabilium et ipsa generabilia sunt in sole vel in caelo, et universaliter omne factum in causa efficiente.

(14) Tertio modo per compositionem; et hoc modo elementa sunt in mixto, et universaliter partes in toto.

(15) Quarto modo per conformationem; et hoc modo dicitur aliquid esse in suo simili. Quod enim est alicui simile et conforme, est quodammodo illud.

a. Anselmus Cantuariensis, *De concordia praescientiae et praedestinationis et gratiae dei cum libero arbitrio* [=*De concordia*], III [11], F.S. Schmitt (ed.), Edinburgi, Apud T. Nelson, 1946, p. 284, 3.

b. Aristoteles, *De anima*, III, 8, 431b21.

[*Solution de Jacques de Viterbe*]

(10) Le principe de la solution peut se tirer de l'autorité précédemment invoquée d'Anselme [1], qui dit que la volonté se meut au moyen de ses affections. Comprendre cela convenablement et correctement, c'est ouvrir la porte [à la résolution] du doute en question. Pour le comprendre, il convient d'examiner d'abord ce qu'il faut entendre par cette sorte d'affections, et ensuite comment la volonté se meut par leur moyen.

(11) Concernant le premier point, il faut savoir que, selon le Philosophe au livre III du *Traité de l'âme*, « l'âme est d'une certaine façon toutes [choses] » ; et ainsi tout est d'une certaine manière dans l'âme. Or, quelque chose peut être « dans » quelque chose [d'autre] de quatre manières, [du moins] en ce qui a trait à notre propos.

(12) Premièrement, de façon matérielle et en puissance passive. Et de cette façon toutes les formes matérielles et toutes les [choses] matérielles sont dans la matière.

(13) Deuxièmement, de façon efficiente et en puissance active. Et c'est de cette façon que les formes des engendrables et les engendrables eux-mêmes sont dans le soleil ou dans le ciel, et, de façon universelle, [que] tout ce qui est fait [est] dans la cause efficiente.

(14) Troisièmement, par composition. C'est de cette façon que les éléments sont dans le mixte, et, de façon générale, [que] les parties [sont] dans le tout.

(15) Quatrièmement, par conformation. C'est de cette façon que quelque chose passe pour être dans ce qui lui ressemble. Car ce qui est semblable et conforme à quelque chose, [cela] d'une certaine façon est cela.

1. *Cf.* Jacques de Viterbe, *Quod.* I, q. 7, éd. Ypma, p. 86, 214-221.

(16) Primo autem modo non sunt res in anima, nec anima est ipsae res videlicet sicut quae fiunt ex materia, sunt in materia, et sicut materia est quodammodo ea quae fiunt ex ipsa. Nam res non fiunt ex anima sicut ex materia. Nec etiam secundo modo, videlicet sicut factum est in causa effectiva, et sicut effectiva causa est quodammodo ipsum factum. Anima enim non facit res. Si vero sit aliquis intellectus, qui sit causa rerum, possunt dici res in ipso hoc secundo modo, sicut artificiata dicuntur esse in artifice et ars est quodammodo ipsa artificiata. Nec etiam tertio modo, videlicet sicut partes sunt in toto et sicut totum est quodammodo ipsae partes. Anima enim non est composita ex rebus omnibus, sicut dixerunt quidam antiqui philosophi, quorum opinionem Philosophus improbat, in *I De Anima*[a].

(17) Sed quarto modo res omnes sunt in anima, et anima est quodammodo omnes res, scilicet per quamdam conformitatem et similitudinem. Hoc enim modo per sensum est quodammodo omnia sensibilia et per intellectum omnia intelligibilia et per appetitum omnia appetibilia.

(18) Verumtamen illa conformatio animae ad res potest dupliciter intelligi. Uno modo in potentia, et sic anima conformatur rebus antequam actu aliquid cognoscat aut appetat. Alio modo in actu, et sic anima conformatur rebus cum actu cognoscit aut appetit aliquid.

a. Aristoteles, *De anima*, I, 5, 409b23-411a26.

(16) Les choses ne sont pas dans l'âme de la première façon. L'âme n'est pas non plus les choses mêmes, c'est-à-dire comme sont dans la matière [les choses] qui viennent de la matière et comme la matière est d'une certaine façon ces [choses] qui viennent d'elle ; car les choses ne viennent pas de l'âme comme de la matière. Pas de la seconde façon non plus, c'est-à-dire comme ce qui est fait est dans la cause effective, et comme la cause effective est d'une certain manière cela même qui est fait ; car l'âme ne fait pas les choses. Par contre, s'il y avait quelque intellect qui était la cause des choses, on pourrait dire que les choses sont en lui de cette deuxième façon, comme on dit que les produits de l'art sont dans l'artisan et que l'art est en quelque façon ces produits de l'art. Pas de la troisième façon non plus, c'est-à-dire comme les parties sont dans le tout et le tout est d'une certaine manière les parties mêmes. Car l'âme n'est pas composée de toutes les choses, comme le croyaient certains anciens philosophes que réfute le Philosophe au premier livre du *Traité de l'âme*.

(17) Par contre, toutes les choses sont dans l'âme de la quatrième façon, et l'âme est d'une certaine manière toutes choses, c'est-à-dire selon une certaine conformité et ressemblance. De cette façon, tous les sensibles sont d'une certaine manière par le sens, tous les intelligibles par l'intellect, et tous les appétibles par l'appétit.

(18) Toutefois, cette conformité de l'âme aux choses peut s'entendre de deux manières. D'abord, en puissance : l'âme se conforme alors aux choses avant d'en connaître ou d'en appéter quelque chose en acte ; ensuite, en acte : ainsi, l'âme se conforme aux choses lorsqu'elle connaît ou appète quelque chose en acte.

(19) Cum vero dicitur anima conformis rebus in potentia, quidam accipiunt potentiam pure passivam, ad modum quo speculum dicitur potentia ad imagines et materia ad formas; quod quidem non videtur rationabile. Non enim secundum hunc modum videtur posse salvari, quomodo actualis motio et informatio ipsius animae, secundum quam dicitur actu conformis rebus vel cognoscendo vel appetendo, dicatur actio et operatio animae, et quomodo dicatur actio vitalis et in agente manens, sicut in quaestione de intellectu agens magis erit manifestum. Et ideo videtur esse dicendum quod, cum anima dicitur esse potentia conformis rebus, huiusmodi potentia non est pure passiva, sed est quaedam actualitas incompleta, et est inchoatio et exordium et praeparatio quaedam, respectu actus ulterioris. Unde potest dici aptitudo quaedam, et idoneitas ad completum actum. Et est huiusmodi idoneitas animae connaturalis et naturaliter indita, ideoque et semper in ipsa manens; sed quandoque imperfecta, quandoque vero perfecta per actus.

(20) Videtur autem haec potentia pertinere ad secundam speciem qualitatis. Sicut enim dicit Simplicius, in *Praedicamentis*[a], cum nomen potentiae multa significet, potentia, quae pertinet ad hanc speciem qualitatis, est idoneitas naturalis, non simpliciter sed secundum exordium quoddam considerata, et sicut dicit, hoc genus potentiae conveniens est omnibus quae qualitercumque perficiuntur.

---

a. Simplicius, *In Aristotelis Categorias commentarium*, C. Kalbfleisch (ed.), Berolini, G. Reimeri, 1907, p. 242, 37-39 et p. 248, 25-31; *Simplicii magni doctoris scolia in Praedicamenta Aristotelis*, dans Simplicius, *Commentaire sur les catégories d'Aristote*, traduction Guillaume de Moerbeke, A. Pattin, O.M.I. (éd.) avec W. Stuyven et C. Steel, Leiden, Brill, 1975, p. 332, 21-23 et p. 340, 71-p. 341, 77.

(19) Lorsqu'on dit que l'âme est conforme aux choses en puissance, certains entendent [par une telle conformité] une puissance purement passive, à la façon dont on dit qu'un miroir est en puissance à l'égard des images, et la matière à l'égard des formes, ce qui ne paraît certes pas raisonnable. Car on n'explique pas de cette façon en quel sens on appelle action ou opération de l'âme la motion actuelle et l'information de l'âme même en vertu de laquelle on dit qu'elle se conforme en acte aux choses en les connaissant ou en les appétant; ni en quel sens on dit qu'elle est une action vitale demeurant dans l'agent, ainsi que cela ressortira clairement dans la question portant sur l'intellect agent [1]. Ainsi, il semble qu'il faille dire, lorsqu'on affirme que l'âme est conforme aux choses en puissance, que ce de puissance n'est pas purement passif; il s'agit plutôt d'une certaine actualité incomplète, une sorte d'ébauche, de commencement et de préparation relativement à l'acte ultérieur. On peut dire qu'elle est une certaine aptitude et idonéité vis-à-vis de l'acte complet. Et cette sorte d'idonéité est connaturelle à l'âme et mise en elle naturellement; par conséquent, elle demeure toujours en elle, parfois [en tant qu']imparfaite, parfois [en tant que] parachevée par l'acte.

(20) Cette puissance semble ressortir à la deuxième espèce de qualité. En effet, comme le dit Simplicius dans les *Prédicaments*, du fait que le nom de puissance a plusieurs significations, la puissance qui concerne cette espèce de qualité est une idonéité naturelle, non pas au sens absolu, mais considérée d'après un certain commencement. Ce genre de puissance, comme il le dit, convient à tout ce qui est susceptible d'être parachevé de quelque manière que ce soit.

---

1. C'est-à-dire la question 12, *infra* (108), p. 139.

Non enim totaliter ab imperfecto ad perfectum procedit aliquid, nisi potentia media affuerit addens quid, quod deficit ad perfectum, suscipiens autem completionem a perfectissimo. Est igitur conductiva extremorum et viam exhibet a deterioribus ad meliora et praeparationem imponit et exordium ad perfectionem. Unde, ut ait, huiusmodi potentia est aptitudo et idoneitas et exordium quoddam ulterioris perfectionis hominis ad scientias et virtutes. Et haec sunt semina scientiarum et virtutum quae in nobis esse dicuntur, ipsae videlicet idoneitates et aptitudines quas habemus ad scientias et virtutes. Perficiuntur siquidem enim huiusmodi aptitudines per actus. Et quia ex ipsis actibus aggeneratur maior habilitas ad agendum perfectius et promptius, ideo huiusmodi aptitudines perficiuntur etiam per habitus ex actibus acquisitos.

(21) Est autem considerandum quod in anima sunt multae et diversae huiusmodi aptitudines, iuxta materiam et diversitatem eorum quibus anima nata est conformari.

(22) Et est in huiusmodi idoneitatibus ordo quidam, secundum commune et speciale. Quaedam enim huiusmodi aptitudinum sunt generales; et istae sunt illae quae dicuntur animae potentiae ut sensus, intellectus et appetitus. Nam potentia sensitiva non est aliud quam quaedam idoneitas generalis respectu sensibilium potentiarum. Et haec in plures distinguitur secundum numerum sensuum interiorum et exteriorum. Et in quolibet sensu vel sensitiva potentia fundantur speciales idoneitates secundum differentias illius sensibilis quod est obiectum sensus.

(23) Similiter autem et potentia intellectiva est idoneitas generalis respectu omnium intelligibilium, idest respectu

Car rien ne procède totalement de l'imparfait au parfait sans une puissance moyenne lui apportant quelque chose qui lui fait défaut en vue du parfait et qui reçoit son accomplissement du plus parfait. [Cette puissance] réunit les extrêmes, en montrant la voie du plus mauvais au meilleur, conférant une préparation et un commencement en vue de la perfection. Ainsi, comme il le dit, cette sorte de puissance est une aptitude et une idonéité et un certain commencement de la perfection ultérieure de l'homme relativement aux sciences et aux vertus. Elles – je veux dire ces idonéités et aptitudes que nous avons pour les sciences et les vertus – sont des semences des sciences et des vertus dont on dit qu'elles sont en nous, puisque, en effet, les idonéités de cette sorte sont parachevées par des actes. Et parce que ces actes engendrent une plus grande habileté à agir de façon plus parfaite et plus prompte, il s'ensuit que ces aptitudes sont parachevées par les habitudes résultant des actes acquis.

(21) Il faut considérer que, dans l'âme, les aptitudes de cette sorte sont nombreuses et diverses, à raison de la matière et de la diversité des [choses] auxquelles l'âme est à apte à se conformer.

(22) Et il y a dans ces idonéités un certain ordre selon le commun et le spécial. En effet, certaines de ces aptitudes sont générales : telles sont celles qu'on appelle puissances de l'âme, comme le sens, l'intellect et l'appétit. Car la puissance sensitive n'est rien d'autre qu'une certaine idonéité générale à l'égard des puissances sensibles, lesquelles se divisent suivant le nombre des sens intérieurs et extérieurs. Et sur chaque sens ou puissance sensitive sont fondées des idonéités spéciales, suivant les différences du sensible particulier qui est l'objet de [ce] sens.

(23) Semblablement, la puissance intellective aussi est une idonéité générale à l'égard de tous les intelligibles, c'est-à-dire

conformationis actualis ad omnia intelligibilia. Sed super hanc
generalem idoneitatem fundantur aliae speciales secundum
diversitatem intelligibilium. Et eodem modo dicendum est de
appetitu.

(24) Usque vero ad quem terminum procedit plurificatio
specialium idoneitatum in qualibet potentia, et qualis et quanta
diversitas in obiecto alicuius potentiae exigat plurificationem
et diversitatem huiusmodi aptitudinum in potentia, illi certi-
tudinaliter notum est qui animam cum suis idoneitatibus
creat. Nocis autem ista distinguere et perfecte cognoscere
naturaliter, non est possibile pro statu praesentis vitae.

(25) Huiusmodi autem aptitudines omnibus sunt
communes, sicut et ipsa intellectualis natura, quamvis in
aliquibus sint magis paratae, in aliquibus vero minus. Quod
utrum contingat ex inaequalitate animarum, aut solum ex
diversa complexione corporum, nihil ad propositum refert.
Unde, virtutes quas Philosophus, in *VI Ethicorum*[a], naturales vocat, non aliud sunt quam huiusmodi idoneitates et
aptitudines ad virtutes ex actibus acquisitas.

(26) Considerandum etiam est quod huiusmodi aptitudines
diversis nominibus significantur. Dicuntur enim potentiae
quia facultatem praebent ad actum et quia perfectibiles
sunt per actus. Non autem dicuntur simpliciter et proprie
activae vel passivae potentiae, quia, secundum quod tales
sunt, non sunt ad agendum in aliud vel ad patiendum ab
alio, sed solum sunt exordium quoddam et praeparatio ad

---

a. Aristoteles, *Ethica Nicomachea*, VI, 13, 1144b4-5.

une conformité actuelle à l'égard de tous les intelligibles. Mais sur cette idonéité générale sont fondées d'autres [idonéités] spéciales suivant la diversité des intelligibles. Il en va de même de l'appétit.

(24) Jusqu'à quel terme se poursuit cette multiplication des idonéités spéciales dans chaque puissance ? Quel type et quelle étendue de diversité dans l'objet d'une puissance donnée exigent une multiplication et une diversité [correspondantes] de pareilles aptitudes dans la puissance ? [Cela] est connu avec certitude par celui qui crée l'âme avec ses idonéités. Quant à nous, discerner et connaître ces [choses] parfaitement d'une façon naturelle, cela n'est pas possible dans l'état de la vie présente.

(25) De telles aptitudes, comme c'est le cas de la nature intellectuelle elle-même, sont communes à tous, même si, chez certains, elles sont mieux disposées, chez d'autres, moins. Que cela se produise en raison de l'inégalité des âmes ou seulement en raison de la diversité de constitution des corps, cela n'importe en rien à notre propos. Ainsi, les vertus qu'Aristote appelle naturelles au livre VI de *L'Éthique*, ne sont rien d'autre que de telles idonéités et aptitudes à l'égard des vertus acquises par les actes.

(26) Il faut considérer aussi que ces aptitudes sont désignées par divers noms. Ainsi, on les appelle puissances parce qu'elles disposent la faculté à l'acte et parce qu'elles sont perfectibles par des actes. On ne dit pas qu'elles sont, au sens absolu et propre, des puissances actives ou passives, car, selon qu'elles sont telles, elles ne sont pas destinées à agir sur un autre ou à pâtir sous l'action d'un autre ; elles ne sont qu'une manière de commencement et de préparation vis-à-vis de la

perfectionem et ad completum actum. Aliquo tamen modo, ut iam patebit, et activae et passivae dici possunt.

(27) Dicuntur etiam huiusmodi aptitudines habitus propter permanentiam, quia, ut dictum est, semper manent in anima tamquam animae connaturales. Unde Philosophus, in *V Metaphysicae*[a], potentias quae ad secundam speciem qualitatis pertinent habitus vocat; et similiter in *IX*[b].

(28) Possunt etiam dici huiusmodi aptitudines actus incompleti. Non sicut motus dicitur forma incompleta, aut sicut forma secundum esse remissum, dicitur imperfecta respectu formae secundum esse intensum. Perfectum enim et imperfectum sic sumpta, ad eandem speciem pertinent. Sed dicitur haec idoneitas actus imperfectus, respectu ulterioris actus a quo nata est perfici; qui tamen actus est alterius speciei. Unde et ad aliam speciem qualitatis pertinet huiusmodi potentia, quae actus incompletus dicitur, quam actus ille quo perficitur. Et licet pertineant ad diversas species, tamen huiusmodi potentia vel aptitudo similitudo quaedam est, et participatio completi actus.

(29) Haec igitur, quae generaliter dicta sunt de anima quantum ad plures eius potentias, applicando specialiter ad voluntatem, de qua est nunc dubitatio, dicendum quod anima non se habet pure passive ad volendum. Sed habet ad hunc actum potentiam et idoneitatem. Et generalis quidem idoneitas respectu omnium, quae anima vult vel nata est velle actu, est illa quae dicitur potentia voluntatis super quam fundantur aliae

a. Aristoteles, *Metaphysica*, V, 20, 1022b10-12.
b. *Ibid.*, IX, 1, 1046a13-15 (?).

perfection et de l'acte complet. Cependant, comme il apparaîtra bientôt, on peut dire qu'elles sont d'une certaine façon actives et passives[1].

(27) Ces aptitudes sont aussi appelées des dispositions en raison de [leur] permanence. En effet, comme cela a été dit, elles demeurent toujours dans l'âme en tant que connaturelles à l'âme. C'est ainsi que le Philosophe, au livre V de la *Métaphysique*, appelle dispositions les puissances qui relèvent de la deuxième espèce de qualité. De même au livre IX.

(28) On peut aussi appeler les aptitudes des actes incomplets; [mais] non pas comme on dit que le mouvement est une forme incomplète, ou bien comme on dit qu'une forme selon son être relâché est imparfaite vis-à-vis de la forme selon son être intensifié; [car] pris en ce sens, le parfait et l'imparfait relèvent de la même espèce. On appelle cette idonéité un acte imparfait relativement à l'acte ultérieur par lequel elle est apte à être parachevée; or, cet acte relève d'une autre espèce. Ce type de puissance qu'on appelle un acte incomplet relève donc d'une autre espèce de qualité que celle [dont relève] l'acte par lequel elle est parachevée. Et bien qu'ils relèvent d'espèces différentes, cette puissance ou aptitude a une certaine ressemblance avec l'acte complet et participe de lui.

(29) Appliquant au cas spécial de la volonté, sur laquelle porte le présent doute, les propriétés qui ont été attribuées à l'âme en général relativement à ses puissances, il faut dire que l'âme ne se rapporte pas de façon purement passive au vouloir : elle possède plutôt une puissance et une idonéité vis-à-vis de cet acte. L'idonéité générale à l'égard de tout ce que l'âme veut ou est apte à vouloir en acte est celle qu'on appelle puissance de la volonté, sur laquelle sont fondées d'autres

1. Cf. *infra* (43), p. 91.

idoneitates. Et ipsa idoneitas generalis, scilicet potentia voluntatis, dicta est ab Anselmo voluntas instrumentum [a].

(30) Idoneitates vero speciales, quae plurificantur et diversificantur secundum diversas rationes volibilium, dictae sunt ab eo affectiones instrumenti vel voluntas affectio, non quin etiam ipsa potentia voluntatis sit quaedam affectio generalis. Sed quia haec non est sine specialibus, ideo ipsa dicta est instrumentum. Speciales vero dicuntur affectiones instrumenti. Usus autem instrumenti, sive voluntas usus, est ipse actus volendi quo perficitur tam idoneitas vel affectio generalis quam specialis. Et hoc est velle, quamvis et ipsa affectio dici possit quoddam incompletum velle.

(31) Et sicut distinguuntur haec tria circa voluntatem, scilicet instrumentum, aptitudo instrumenti et usus instrumenti, sic secundum eundem Anselmum distinguenda sunt in qualibet potentia [b]. Quae quomodo sint accipienda et intelligenda, ex his quae iam dicta sunt, potest fieri manifestum diligenter intuenti; et in quaestione de intellectu agente amplius declarabitur.

(32) Viso igitur quid per affectiones voluntatis intelligi debeat, restat secundo considerandum quomodo voluntas, vel anima per voluntatem, se suis affectionibus movet. Circa quod sciendum quod duplex est motio.

(33) Una quidem quae sequitur causam efficientem habentem formam completam, sicut calefactio sequitur calefacientem.

---

a. Anselmus Cantuariensis, *De concordia*, III [11], ed. Schmitt, p. 280, 2.
b. *Ibid.*, III [11], ed. Schmitt, p. 278, 28-p. 279, 3.

idonéités. Cette idonéité générale, c'est-à-dire la puissance de la volonté, est appelée volonté-instrument par Anselme.

(30) Par contre, aux idonéités spéciales, qui sont multipliées et diversifiées à raison des diverses notions des [choses] susceptibles d'être voulues, il donne le nom d'affections de l'instrument ou volonté-affection, ce qui ne signifie pas que la puissance de volonté même ne soit pas une certaine affection générale, mais comme celle-ci n'existe pas sans [affections] spéciales, pour cette raison, on l'appelle instrument, alors que les spéciales sont qualifiées d'affections de l'instrument. L'usage de l'instrument, ou la volonté-usage, est l'acte même de vouloir, qui parachève aussi bien l'idonéité ou l'affection générale que la spéciale : vouloir, c'est cela, bien qu'on puisse dire de l'affection même qu'elle est un certain vouloir incomplet.

(31) Or, cette distinction de la volonté en trois [affections], à savoir l'instrument, l'aptitude de l'instrument, et l'usage de l'instrument, il faut, selon le même Anselme, la faire dans chaque puissance. Comment il faut accepter cela et le comprendre, cela peut devenir manifeste à partir de ce qui a été dit pour celui qui s'y applique avec diligence. On y reviendra plus amplement dans la question sur l'intellect agent [1].

(32) Après avoir vu ce qu'il faut comprendre par les affections de la volonté, il reste, en second lieu, à considérer comment la volonté, ou l'âme par la volonté, se meut par le moyen de ses affections. À ce propos, il faut savoir que la motion est de deux sortes.

(33) L'une procède de la cause efficiente possédant une forme complète, comme l'action d'échauffer procède du corps chauffant.

---

1. C'est-à-dire la question 12, *infra* (111), p. 141.

(34) Alia vero quae sequitur aliquid habens formam incompletam, necdum habentem ultimam perfectionem, ut moveri deorsum sequitur formam gravitatis vel habens huiusmodi formam.

(35) Prima igitur motio semper est ab alio in aliud. Ideo secundum hanc nihil movetur a se.

(36) Secunda vero est ab eodem in idem. Ideo secundum hanc dicitur aliquid moveri ex se. Et secundum hoc dicendum quod nec voluntas nec aliquid aliud movet se efficienter, quasi se ipsum faciens primo de potentia in actum. Moveri autem ex se formaliter non solum voluntati, sed etiam aliis convenit.

(37) Cum enim aliquid habet formam incompletam, naturaliter inclinatur ad sui complementum et movet se ipsum formaliter per huiusmodi formam incompletam, in quantum ad talem formam sequitur naturaliter motus ad perfectionem. Immo de se semper esset in tali perfectione nisi aliquid prohiberet. Sicut enim agens habens formam completam, sufficienter et debite coniunctum proprio passivo, propter ordinem quem habet ad ipsum, statim agit et sequitur actio in alio, sic aliquid habens formam incompletam per quam alio modo est actu, non tamen in actu ultimo propter naturalem inclinationem quam habet ad sui perfectionem, statim sequitur actualis motio in ipso, nisi aliquid prohibeat. Et hoc est moveri ex se formaliter. Et est huiusmodi motio alterius modi, quam illa quae ad causam efficientem pertinet, quae dicitur principium. Unde motus sicut

(34) L'autre, par contre, procède de quelque chose qui possède une forme incomplète et qui n'a pas atteint sa perfection ultime. Ainsi, se mouvoir de haut en bas procède de la forme de la gravité ou de ce qui possède une telle forme.

(35) La première sorte de motion procède toujours d'une [chose] vers une autre. Selon ce mouvement-là rien n'est mû de soi.

(36) L'autre [sorte de motion] procède du même au même, si bien que, selon cette [sorte de motion], on dit que quelque chose est mû de soi. En ce sens-là, il faut dire que ni la volonté ni rien d'autre ne se meut de façon efficiente, en se portant pour ainsi dire soi-même à titre premier de la puissance à l'acte. Par contre, être mû de soi formellement convient non seulement à la volonté mais à d'autres [choses] également.

(37) Ce qui possède une forme incomplète tend naturellement à ce qui la complète et se meut formellement au moyen de cette forme incomplète, dans la mesure où le mouvement vers la perfection procède naturellement d'une telle forme. Bien plus, elle posséderait toujours par elle-même une telle perfection si elle n'en était empêchée par quelque chose. De même qu'un agent, lorsqu'il a une forme complète et qu'il est conjoint d'une manière suffisante et appropriée à son passif propre en vertu de l'ordre qu'il soutient vis-à-vis de lui, agit aussitôt en entraînant l'action dans l'autre [*i.e.* le passif], de même, lorsque quelque chose possède une forme incomplète par laquelle il est en acte d'une autre façon – non cependant en acte ultime – en raison de son inclination naturelle vers sa propre perfection, alors la motion en acte survient aussitôt en lui, sauf si quelque chose l'empêche. Et c'est là être mû de soi formellement. Une telle motion est d'un autre mode que celui qui concerne la cause efficiente, qu'on appelle principe. Il s'ensuit que le mouvement

et motio, qua dicitur aliquid moveri a fine, est alterius rationis ab utraque praedictarum.

(38) Unde, cum aliquid sic movetur ex se, motione videlicet quae consequitur formam incompletam, non dicitur a se moveri efficienter proprie loquendo. Si tamen uti velimus in tali motione nomine efficientiae, assimilabitur talis efficientia illi efficientiae qua subiectum dicitur causa efficiens accidentium propriorum, in quantum enim semper sequuntur subiectum. Huiusmodi accidentia dicuntur causari et fluere a subiecto. Unde et quia quantum est de se semper insunt subiecto et semper ipsum sequuntur, semper dicuntur causari a subiecto; non tamen proprie subiectum dicitur causa ipsorum efficiens. Sed causa ipsorum efficiens proprie est id quod producit subiectum. Causando enim subiectum, causat et efficit ea quae subiectum sequuntur necessario.

(39) Est autem sciendum quod, cum dicitur quod habens formam incompletam seipso movetur ad perfectionem et complementum, accipiendum est completum et incompletum non in eadem specie, sicut minus album dicitur incompletum respectu magis albi. Hoc enim modo habens formam incompletam non movetur ex se ad perfectionem sed ab alio, quia talis perfectio non sequitur naturaliter et necessario ad formam incompletam secundum hunc modum.

(40) Sed accipiendum est completum et incompletum secundum quod dicunt actus diversarum rationum, quamvis habentes aliquam convenientiam et similitudinem, propter quam unum ad aliud ordinem habet. Ita quod completum sequitur naturaliter ad incompletum, nisi aliquid prohibeat. Nec refert, quantum ad hoc, utrum huiusmodi perfectio

et la motion par lesquels on dit que quelque chose est mu par la fin relèvent d'une notion différente que les deux autres susdites.

(38) Ainsi, lorsque quelque chose est mû de soi de cette façon, c'est-à-dire en vertu de la motion qui suit la forme incomplète, on ne dit pas qu'il est mû de soi de manière efficiente au sens propre. Mais si nous voulions à propos d'une telle motion user du nom d'efficience, une telle efficience serait semblable à l'efficience par laquelle on dit que le substrat est la cause efficiente de ses accidents propres, dans la mesure où ceux-ci suivent toujours le substrat. On dit des accidents de ce type qu'ils sont causés et qu'ils découlent du substrat. C'est pourquoi, dans la mesure où ils inhèrent toujours au substrat et le suivent toujours, on dit qu'ils sont toujours causés par le substrat. Et pourtant on ne dit pas que le substrat est à proprement parler leur cause efficiente; la cause efficiente au sens propre est plutôt ce qui produit le substrat : en causant le substrat, il cause et effectue ce qui le suit nécessairement.

(39) Mais il faut savoir que lorsqu'on dit que ce qui possède une forme incomplète est mû par soi à la perfection et à [son] complément, « complet » et « incomplet » ne sont pas pris selon la même espèce, comme [lorsqu'on] dit que le moins blanc est incomplet par rapport au plus blanc. Car ce qui possède une forme incomplète de cette façon-là n'est pas mû de soi vers [sa] perfection mais bien par autre chose, car, selon cette façon-là [de posséder une forme], une telle perfection ne suit pas naturellement et nécessairement la forme incomplète.

(40) Il faut plutôt prendre « complet » et « incomplet » en tant qu'ils désignent des actes relevant de notions diverses, bien qu'ayant une certaine convenance et ressemblance en vertu desquelles l'un est ordonné à l'autre, de sorte que le complet suit naturellement l'incomplet sauf si quelque chose l'en empêche. Peu importe, à cet égard, si cette sorte de perfection

sequatur subito et per simplicem mutationem, vel successive et per motum, sicut esse deorsum sequitur formam gravitatis per motum, propter quod et ipse motus sequitur formam gravitatis. Ad perfectionem enim gravis, in quantum grave est, pertinet ferri deorsum et esse deorsum. Unde et quanto magis appropinquat ad locum deorsum, tanto velocius movetur, tamquan plus habens de perfectione, ac per hoc de inclinatione.

(41) Ex praedictis autem potest faciliter patere quomodo voluntas movet se ad volendum suis affectionibus. Sicut enim grave per gravitatem movet se deorsum, non efficienter sed formaliter, quia gravitas est quid incompletum respectu eius quod est esse deorsum et ferri deorsum, unde nullo prohibente statim sequitur haec perfectio ad gravitatem, sic voluntas movet se ad volendum aliquid per suas affectiones, quae sunt quid incompletum respectu actus volendi; propter quod statim ad huiusmodi affectiones sequitur actus, nisi aliquid prohibeat. Movet autem se non efficienter sed formaliter, et movet se non successive sicut grave, sed subito, quia velle est mutatio simplex et indivisibilis. Et in gravi quidem una sola forma incompleta est per quam se movet, scilicet gravitas, eo quod grave determinatum est ad unum. In voluntate vero sunt plures affectiones, velut quaedam pondera per quas movet se, quia voluntas in plura et diversa tendere nata est.

(42) Est autem considerandum quod huiusmodi motio, qua aliquid formaliter movetur a se, modo iam dicto, secundum quod est a forma ipsius quod movetur, non dicitur proprie

suit [l'incomplet] de manière subite et en vertu d'un changement simple, ou [si elle le suit] de manière successive et en vertu
d'un mouvement, comme être en bas suit la forme de la gravité
par un mouvement, de sorte que ce même mouvement suit la
forme de la gravité. Car il relève de la perfection du grave en
tant qu'il est grave d'être porté vers le bas et d'être en bas, de
sorte que plus il approche du bas plus il est mû rapidement en
tant qu'il possède plus de perfection et par là plus d'inclination.

(41) On peut facilement voir à partir de ce qui précède
comment la volonté se meut à vouloir au moyen de ses affections. Ainsi, de même que le grave se meut vers le bas par
la gravité, non pas de manière efficiente mais de manière
formelle, parce que la gravité est quelque chose d'incomplet
par rapport au fait d'être en bas ou d'être porté vers le bas, de
sorte que s'il n'y a pas d'empêchement cette perfection suivra
aussitôt la gravité ; de même, la volonté se meut à vouloir
quelque chose par ses affections, qui sont quelque chose
d'incomplet au regard de l'acte de vouloir, si bien que l'acte
suit aussitôt les affections à moins qu'il n'en soit empêché. Il
se meut, non pas de manière efficiente, mais formellement,
non pas de manière successive comme le grave, mais subite-
ment, car vouloir est un changement simple et indivisible.
Dans le grave, il y a une seule forme incomplète par laquelle
[le corps] se meut, à savoir la gravité, [et ce,] parce que le grave
est déterminé à un effet unique. Par contre, dans la volonté, il y
a plusieurs affections, [qui sont comme] des poids par lesquels
elle se meut, car la volonté est apte par nature à se porter à des
objets nombreux et divers.

(42) Or, il faut considérer que cette sorte de motion en
vertu de laquelle quelque chose est mû de soi formellement
selon la façon qui a été dite, en tant qu'elle découle de la
forme de ce qui est mû, n'est pas à proprement parler qualifiée

actio neque passio; secundum quod actio proprie est in aliud,
passio vero ab alio. Et ideo ipsa forma, quam consequitur
talis motio in quantum huiusmodi, nec est activa nec passiva
proprie.

(43) Potest tamen dici huiusmodi motio actio absoluta
et passio absoluta. Sicut calere est actio absoluta, similiter
lucere et multa similia. Et iste est alius modus actionum et
passionum; propter quod et Philosophus, *IX Metaphysicae*[a],
distinguit actiones intranseuntes in aliud et illas quae manent
in agente, quae possunt dici actiones absolutae. Et magis
proprie dicuntur operationes, secundum Damascenum, *II libro
capitulo 23*[b]. Et eodem modo forma, quam consequitur talis
motio, potest dici activa et passiva actione et passione absoluta, ut dicatur activa secundum quod ad ipsam talis motio
sequitur; dicatur vero passiva secundum quod per huiusmodi
motionem perficitur.

(44) Attendendum tamen est quod huiusmodi actiones,
quibus anima movet se ut conformetur actu ipsis rebus, licet
dicantur absolutae, in quantum non transeunt in aliud sicut
in illud quod actioni subicitur, vel sicut in id quod movetur, tamen secundum alium modum non sunt absolutae, in
quantum scilicet respiciunt aliud tamquam terminum. Nam
secundum huiusmodi actiones anima refertur ad res relatione
similitudinis et conformitatis. Relatio autem semper exigit
terminum quia semper consideratur in pluribus. Propter quod
huiusmodi actiones non sic sunt modis omnibus absolutae,

a. Aristoteles, *Metaphysica*, IX, 8, 1050a23-b1.

b. Iohannes Damascenus, *De fide orthodoxa* (*Burgundionis versio*),
cap. 37, E.M. Buytaert, O.F.M., S.T.D. (ed.), St. Bonaventure (NY)-Louvain,
Nauwelaerts-Paderborn-F. Schöningh, 1955, p. 142.

d'action ou de passion, en ce qu'une action est à proprement
parler dirigée vers autre chose, alors que la passion est sous
l'action d'autre chose. Par conséquent, cette forme d'où
procède une telle motion en tant qu'elle est de cette sorte, n'est
ni active ni passive.

(43) On peut appeler ce genre de motion une action absolue
et une passion absolue. Ainsi, échauffer est une action absolue ;
semblablement, luire et plusieurs autres cas semblables [sont
des actions absolues]. Et c'est là un autre type d'action et de
passion. C'est pourquoi le Philosophe, au livre IX de la
Métaphysique, distingue entre les actions qui passent dans un
autre et celles – qu'on peut appeler des actions absolues – qui
demeurent dans l'agent. Selon le Damascène, livre II, chapitre
23, on les appelle plus correctement des opérations. Et c'est de
cette façon-là qu'on peut dire que la forme d'où procède cette
motion est active et passive selon une action et une passion
absolues : on la dit active dans la mesure où c'est d'elle que
procède cette motion ; mais on la dit passive dans la mesure où
elle est parachevée par cette motion.

(44) Mais il faut prendre garde que, bien que les actions de
ce type par lesquelles l'âme se meut en vue de se conformer en
acte aux objets mêmes soient qualifiées d'absolues, [c'est-
à-dire] dans la mesure où elles ne passent pas dans un autre
comme dans ce qui sert de substrat à l'action ou bien dans ce
qui est mû, néanmoins, selon un autre mode, elles ne sont pas
absolues, dans la mesure où elles se rapportent à l'autre en tant
que terme. Car c'est suivant cette sorte d'action que l'âme se
rapporte aux choses selon une relation de ressemblance et de
conformité. Or, une relation exige toujours un terme, car
elle met toujours en jeu une pluralité. C'est pourquoi les
actions de cette sorte ne sont pas absolues à tous égards

sicut calere et lucere, quae nec in aliud transeunt nec ad aliud terminantur.

(45) Hinc est quod verba, designantia huiusmodi actiones animae, non sunt neutra absoluta, sicut lucere et calere, sed sunt vel activa vel neutra transitiva, ut a grammaticis dici solet. Hinc est etiam quod huiusmodi operationes animae magis consueverunt dici motus vel actiones, quam calere et lucere; et magis secundum huiusmodi operationes dicitur anima se movere quam ignis, secundum hoc quod est calere.

(46) Est etiam ulterius considerandum quod illud, quod movet se formaliter modo praedicto, ab aliquo movetur efficienter, scilicet ab illo qui dedit formam. Dando enim formam dedit etiam illa quae consequuntur formam. Et hoc modo grave, quod movetur ex se formaliter, a generante dicitur moveri efficienter. Ideo dicitur quod generans, quantum dat de forma, tantum dat de loco. Et similiter voluntas, quae movetur ex se formaliter, a Deo ipsam producente dicitur moveri efficienter. Propter quod Anselmus[a], post verba superius inducta, sic ait : « Dico autem voluntatem instrumentum omnes voluntarios motus facere : sed si diligenter consideramus, ille verius dicitur facere illud quod facit natura aut voluntas, qui facit naturam et instrumentum volendi cum affectionibus suis, sine quibus idem instrumentum nihil facit ».

---

a. Anselmus Cantuariensis, *De concordia*, III [11], ed. Schmitt, p. 284, 4-7.

comme le sont l'action d'échauffer et l'action de luire, qui ne passent pas dans un autre ni ne se terminent en un autre.

(45) C'est ainsi que les verbes qui désignent ce type d'actions de l'âme ne sont pas des neutres absolus comme luire et échauffer, mais sont, soit actifs, soit neutres transitifs, pour parler comme les grammairiens. De là vient que de telles opérations de l'âme étaient plus couramment appelées des mouvements ou des actions que ne l'étaient échauffer et luire ; et on dit à plus juste titre que l'âme se meut en relation à cette sorte d'opérations qu'[on ne dit que] le feu [se meut] en relation à l'acte d'échauffer.

(46) Il faut en outre considérer que ce qui se meut formellement de la façon qui a été dite est mû par quelque chose de façon efficiente, à savoir par ce qui lui a conféré la forme. En lui conférant la forme, il lui a également conféré ce qui en découle. Ainsi, on dit que le grave, qui est mû de soi formellement, est mû de façon efficiente par celui qui l'a engendré. C'est pourquoi on dit que ce qui engendre confère le lieu dans la même mesure qu'il confère la forme. De manière semblable, on dit que la volonté, qui est mue de soi formellement, est mue de façon efficiente par Dieu qui l'a produite. C'est pourquoi Anselme, après le passage cité précédemment[1], s'exprime comme suit : « Je dis que la volonté-instrument fait tous les mouvements volontaires, mais si on y pense avec attention, celui dont on dit le plus véritablement qu'il fait ce que fait la nature ou la volonté, c'est celui qui fait la nature et l'instrument du vouloir avec ses affections sans lesquelles l'instrument ne fait rien ».

---

1. Cf. *supra* (31), p. 83.

(47) Ex quo sequitur quod, licet huiusmodi motio, qua aliquid dicitur moveri ex se, comparata ad formam quam sequitur, dicatur actio et passio absoluta, comparata tamen ad illum qui dedit formam, potest dici proprie actio et passio, in quantum est ab alio et in aliud.

(48) Est etiam sciendum ulterius, quod illud, quod movetur ex se formaliter, potest movere aliquid aliud efficienter, sicut grave, cum movetur ex se formaliter, movet efficienter medium ipsum dividendo, et voluntas, quae movetur ex se ad volendum formaliter, movet alias potentias efficienter ad suos actus. Et sicut grave movendo et dividendo medium efficienter per se, movet se ipsum efficienter per accidens, sic voluntas movendo intellectum efficienter per se, sine cuius actu non posset moveri ad volendum, sicut infra dicetur, movet seipsam per accidens efficienter.

(49) Ex his autem potest colligi quibus modis voluntas movetur. Sicut enim grave movetur, quidem ex se formaliter et per se, a generante autem movetur per se efficienter; a se ipso autem movetur efficienter sed per accidens, movendo scilicet per se efficienter medium, et sic removendo prohibens. Similiter voluntas movetur a se ipsa per se formaliter, a Deo autem movetur per se efficienter; a se ipsa vero etiam efficienter movetur, sed per accidens, movendo per se efficienter intellectum sine quo non movetur voluntas,

(47) Il s'ensuit que, bien que cette motion par laquelle on dit que quelque chose est mû de soi, lorsqu'on la rapporte à la forme dont elle découle, soit qualifiée d'action et de passion absolues, néanmoins, si on la compare à celui qui a conféré la forme, elle peut être qualifiée d'action et de passion au sens propre, dans la mesure où elle vient d'un autre et passe dans un autre.

(48) En outre, il faut savoir que ce qui est mû de soi formellement peut mouvoir quelque chose d'autre de façon efficiente. Ainsi, le grave, lorsqu'il est mû de soi formellement, meut le milieu de manière efficiente en le fendant ; de même, la volonté, qui est mue de soi formellement à vouloir, meut les autres puissances de façon efficiente à leurs actes. Et de même que le grave, en mouvant et en fendant le milieu de façon efficiente par soi, se meut lui-même de manière efficiente par accident, de même, la volonté, en mouvant l'intellect de façon efficiente par soi – [intellect] sans l'acte duquel elle ne peut être mue à vouloir, ainsi qu'on le verra plus loin [1] –, se meut elle-même par accident de façon efficiente.

(49) À partir de ce qui précède, il est possible d'énumérer les façons dont la volonté est mue. Le grave est mû de soi formellement ainsi que par soi, alors qu'il est mû par ce qui l'engendre de façon efficiente par soi, mais il est mû par lui-même de façon efficiente mais par accident, à savoir en mouvant par soi de façon efficiente le milieu, écartant de la sorte l'empêchement. Semblablement, la volonté est mue par elle-même par soi formellement, alors qu'elle est mue par Dieu de façon par soi efficiente. Elle est mue par elle-même aussi de façon efficiente, mais par accident, en mouvant de façon par soi efficiente l'intellect sans lequel la volonté n'est pas mue ;

1. Cf. *Quod.* I, q. 7, éd. Ypma, p. 102-107.

vel, ut magis proprie dicatur, homo per voluntatem movet se
his modis. Et ulterius etiam dici potest quod homo movet se
efficienter per se secundum diversas potentias, eo modo quo
animal dicitur se movere; quod in gravi non potest dici. Licet
enim in ipso gravi sint diversa quaedam, non tamen dicitur se
movere sicut animal. Quae autem sit huiusmodi ratio declarare
non spectat ad praesens.

(50) Ostenso itaque quomodo voluntas movet se suis
affectionibus, de facili patet solutio ad ea quae supra obiecta
sunt.

(51) Cum enim primo dicitur quod omne quod movetur ab
alio movetur et quod semper primo movens et primo motum
sunt realiter diversa, dicendum est quod hoc indubitanter est
verum de illa motione qua aliquid movetur efficienter; et de
hac procedit demonstratio Aristotelis.

(52) Per hoc etiam apparet responsio ad secundum. Nam
ratio procedit ac si poneretur aliquid moveri ex se efficienter
per se et primo; quod non est verum. Non enim potest vere dici
hoc modo moveri aliquid ex se. Nam hoc posito proculdubio
sequeretur inconveniens, scilicet quod idem secundum idem et
eodem modo esset in potentia et in actu. Posito autem quod

ou, pour parler de façon plus appropriée : l'homme se meut par la volonté de ces [différentes] façons. En outre, aussi, on peut dire que l'homme se meut de façon par soi efficiente en vertu de diverses puissances, de la même façon dont on dit que l'animal se meut, ce qu'on ne peut pas dire dans le cas du grave, [car] bien qu'il y ait une certaine diversité dans le grave, on ne dit pas qu'il se meut comme un animal. Il est hors de propos ici de dire pour quelle raison il en est ainsi.

[*Réponse aux objections*]

(50) Après avoir montré comment l'âme se meut au moyen de ses affections, il est facile de répondre aux objections citées plus haut[1].

(51) Lorsqu'il est dit premièrement que tout ce qui est mû est mû par un autre et que ce qui meut à titre premier et ce qui est mû à titre premier sont toujours réellement distincts, il faut dire que cela est indubitablement vrai de cette motion en vertu de laquelle quelque chose est mû de façon efficiente, et c'est sur cette [motion-là] qu'est fondée la démonstration d'Aristote.

(52) Par là aussi apparaît la réponse à la seconde [objection]. L'argument procède comme si quelque chose était mû de soi de façon efficiente par soi et à titre premier, ce qui n'est pas vrai. En effet, on ne peut affirmer avec vérité d'une [chose] qu'elle est mue de soi de cette façon-là, car il en découlerait sans aucun doute cette difficulté que la même [chose] serait en puissance et en acte relativement à la même [chose] et de la même façon. Mais de ce que l'on pose que quelque

---

1. Cf. *supra* (1) et (2), p. 63-65.

aliquid moveatur ex se formaliter per se et primo, sequitur quidem quod idem secundum idem sit in potentia et in actu, sed non eodem modo; quia est in actu incompleto et est in potentia ad complementum. Et hoc non est inconveniens, maxime quia, ut dictum est supra, haec potentia simul est activa et passiva, non actione aut passione transitiva, sed absoluta; quae magis proprie dicitur operatio.

(53) Et secundum hoc, distinctio supra posita quae a quibusdam assignatur, scilicet de hoc quod est esse actu formaliter vel virtualiter, potest trahi ad bonum intellectum, ut non intelligatur per esse actu virtualiter, esse in actu secundum eminentiorem rationem. Sic enim proculdubio huiusmodi distinctio non conveniret in proposito, sicut supra rationabiliter arguebatur. Sed intelligatur per esse actu virtualiter, esse actu incomplete et secundum idoneitatem et aptitudinem quamdam.

(54) Et sic accipit Damascenus, *II libro capitulo 23*[a], hoc quod est esse virtute, ubi dicit quod puerum lactantem dicimus virtute grammaticum. Habet enim aptitudinem per disciplinam fieri grammaticum. Virtus enim hoc modo idem est quod naturalis potentia, quae est aptitudo et idoneitas. Et secundum hunc intellectum praedicta distinctio convenit ad solutionem dubitationis inductae.

---

a. Iohannes Damascenus, *De fide orthodoxa* (*Burgundionis versio*), cap. 37, ed. Buytaert, p. 143, 21-23.

chose est mû de soi formellement par soi et à titre premier, il suit certes que la même [chose] relativement à la même [chose] est en puissance et en acte, mais non [qu'elle le soit] de la même façon ; car elle se trouve en acte incomplet et en puissance par rapport à son complément. Il n'y a pas là d'incongruité, surtout parce que, comme nous l'avons dit plus haut [1], cette puissance est en même temps active et passive, non en vertu d'une action ou d'une passion transitive, mais [en vertu d'une action] absolue qu'on appelle de façon plus appropriée une opération.

(53) Ainsi, la distinction précédemment évoquée [2], alléguée par certains concernant l'être en acte formel ou virtuel, peut être comprise à bon escient, à condition de ne pas comprendre par « être en acte virtuellement » : « être en acte selon une notion plus éminente ». Car la distinction ainsi comprise serait indubitablement hors de propos, selon les arguments avancés précédemment [3]. Par « être en acte virtuellement » il faut comprendre « être en acte de manière incomplète et selon une idonéité et une certaine aptitude ».

(54) Et c'est ainsi que le Damascène entendit « être en puissance » au livre II, chapitre 23, où il dit que le nourrisson est un grammairien en puissance. Il a en effet l'aptitude, par la discipline, à devenir grammairien. La puissance, en ce sens, est la même [chose] que la puissance naturelle, qui est l'aptitude et l'idonéité. Ainsi comprise, la distinction susdite convient à la solution du problème en question.

---

1. Cf. *supra* (42)-(45), p. 89-93.
2. Cf. *supra* (7), p. 67-69.
3. Cf. *supra* (8), p. 69.

(55) Solutio vero praecedens quae accipitur ex verbis Procli etiam vera est, si bene intelligatur. Sed eius declaratio ad praesens dimittatur. Sufficit enim solutio ultimo posita.

(56) Sic igitur apparet quod, ponendo aliquid moveri ex se modo iam declarato, nullum sequitur inconveniens aut repugnans dictis ab Aristotele, si diligenter considerentur. Solet autem ad praedictam dubitationem a magnis doctoribus aliter dici.

(57) Cum enim arguitur quod voluntas non movet se, quia tunc sequeretur quod idem esset in potentia et in actu, dicunt quod non est inconveniens quod idem sit potentia et actu, tamen non secundum idem. Et sic est in voluntate cum dicitur se movere. Non enim secundum idem est potentia et actu; sed facta in actu quantum ad unum, ut puta quantum ad finem, facit se in actu quantum ad ea quae sunt ad finem. Et eodem modo ponunt circa intellectum.

(58) Potest autem dicta solutio intelligi recte et convenienter hoc modo. Aptitudines enim, quae ponuntur in voluntate, ordine quodam se habent ad invicem. Nam sicut materia ordine quodam est in potentia ad formas, quia recipit unam alia mediante, et quanto magis propinque habet se ad susceptionem formae, tanto magis dicitur esse proprie in potentia ad illam, sic voluntas per suas affectiones ordine quodam se habet ad volendum aliquid actu. Ita quod inter huiusmodi aptitudines vel affectiones

(55) Cependant, la solution d'avant, qui s'appuie sur les propos de Proclus[1], est également vraie, à condition de la bien comprendre. Remettons-en à plus tard la démonstration, car la solution énoncée en dernier lieu suffit.

(56) Il appert donc qu'en comprenant «être mû de soi» comme on l'a fait, il ne découle rien d'incongru ni de contraire aux propos d'Aristote, à condition de les considérer avec attention. Mais de grands Docteurs répondent d'une autre façon au problème en question.

(57) À l'argument selon lequel la volonté ne se meut pas parce qu'alors la même [chose] serait en puissance et en acte, ils répondent qu'il n'est pas incongru que la même [chose] soit en puissance et en acte mais non relativement à la même [chose]. Tel est le cas de la volonté lorsqu'on dit qu'elle se meut, car elle n'est pas en puissance et en acte relativement à la même [chose] : après avoir été portée à l'acte relativement à une [chose], par exemple relativement à la fin, elle s'actualise relativement aux [moyens] qui mènent à [cette] fin. Et ils en disent de même à propos de l'intellect.

(58) Mais la dite solution peut également se comprendre de façon droite et appropriée de la manière suivante. Il y a un ordre entre les aptitudes que l'on pose dans la volonté. Car, de même que la matière est en puissance à l'égard des formes en vertu d'un certain ordre – car elle en reçoit une par l'entremise d'une autre, et on dit qu'elle est d'autant plus proprement en puissance à l'égard d'une forme qu'elle est plus prochainement disposée à la recevoir –, de même, la volonté est disposée à vouloir quelque chose en acte par ses affections en vertu d'un certain ordre. Ainsi, parmi de telles aptitudes ou affections,

1. Cf. *supra* (5), p. 65-67.

quaedam sunt aliis priores secundum naturam; et secundum illas voluntas prius se movere nata est. Ex hoc autem quod movet se secundum illas, efficitur magis idonea ut se moveat secundum affectiones posteriores, propter naturalem ordinem qui est in ipsis affectionibus.

(59) Hoc itaque modo facta in actu quantum ad aliquid, facit se in actu quantum ad aliud. In omnem enim actum volendi se movet secundum aliquam affectionem vel aptitudinem; sed cum se moverit ad volendum secundum affectionem priorem, redditur magis idonea ad se movendum secundum affectionem posteriorem, propter naturalem ordinem affectionum ipsarum. Ideoque solum in habentibus ordinem, verum est quod facta in actu quantum ad unum, facit se in actu quantum ad aliud, sicut patet in fine et in his quae sunt ad finem. Utrum autem ex hoc possit dici voluntatem movere se ipsam efficienter, infra patebit.

(60) Sed ex praedictis oritur dubitatio quaedam non praetereunda. Ostensum enim est quomodo potest aliquid ex se moveri, quia videlicet formaliter, non autem efficienter. Et hoc totum declaratum est propter voluntatem. Sed in hoc nullam videtur praeeminentiam habere voluntas. Nam et corpora naturalia hoc modo se ipsa movent, ut dictum est de gravi. Similiter et aliae potentiae animae moventur hoc modo ex se. Unde Damascenus, *II libro capitulo 22*[a], loquens

---

a. Iohannes Damascenus, *De fide orthodoxa* (*Burgundionis versio*), cap. 36, ed. Buytaert, p. 133, 138-144.

certaines sont antérieures aux autres par nature, et l'âme est apte par nature à se mouvoir suivant ces affections-là ; et dans la mesure où elle se meut suivant ces [affections], elle est rendue plus apte à se mouvoir selon les affections postérieures, [et ce,] en vertu de l'ordre naturel qui prévaut parmi ces affections.

(59) Après avoir été portée à l'acte relativement à quelque chose, [la volonté] se porte à l'acte relativement à quelque chose d'autre. Elle se meut vers tous ses actes de vouloir selon une certaine affection ou aptitude. Se mouvoir à vouloir selon une première affection la rend plus apte à se mouvoir selon une affection postérieure, en raison de l'ordre naturel entre ces affections. Ainsi, ce n'est qu'entre [choses] reliées par un ordre qu'il est vrai que ce qui est porté à l'acte relativement à l'une [de ces choses] se porte à l'acte relativement à l'autre, ainsi qu'il apparaît dans le cas de la fin et des moyens pour atteindre cette fin. Quant à savoir si on peut en déduire que la volonté se meut elle-même de façon efficiente, c'est ce qui apparaîtra plus loin [1].

(60) Mais de ce qui précède découle une difficulté que nous ne pouvons passer sous silence. Nous avons montré comment quelque chose peut se mouvoir de soi parce qu'il se meut formellement et non de manière efficiente. Toute cette solution portait sur la volonté. Pourtant, la volonté, à cet égard, ne semble jouir d'aucune prééminence. Car les corps naturels se meuvent eux-mêmes de cette façon-là, comme nous l'avons vu à propos du grave. Semblablement, les autres puissances de l'âme sont mues de soi de cette façon-là. Ainsi, le Damascène, au livre II, chapitre 22, affirme

---

1. Cf. *Quod.* I, q. 7, éd. Ypma, p. 105, 890.

universaliter de operationibus animae, dicit : « Operatio est motus effectivus. Effectivum autem dicitur quod ex se ipso movetur ».

(61) Ad hoc autem dicendum est quod, licet aliis a voluntate conveniat aliquo modo moveri ex se, speciali tamen modo et magis proprie convenit voluntati propter libertatem, quia non necessitatur ad huiusmodi motum neque cogitur. Unde voluntas libere movet et libere movetur. Nam, sive moveat se formaliter sive moveat aliud efficienter libere movet; et sive moveatur a se sive a Deo efficienter, libere movetur. Quod non convenit in aliis a voluntate, quae, sive moveant sive moveantur, non tamen libere quantum est de se, nisi in quantum subsunt imperio voluntatis quae sola libera est. Et quia voluntas libere movet se, ideo speciali modo convenit voluntati moveri ex se. Sicut enim illa proprie dicuntur movere et agere efficienter, quae libere agunt, cuiusmodi sunt rationalia, sic etiam illa dicuntur proprie movere se formaliter quae libere movent.

(62) Unde dicit Augustinus, *V De Ciuitate Dei capitulo 9*[a] : « Causa rerum quae facit, nec fit, Deus est. Aliae vero causae et faciunt et fiunt; sicut sunt omnes creati spiritus, et maxime rationales. Corporales autem causae, quae magis fiunt, quam faciunt, non sunt inter causas efficientes annumerandae; quoniam hoc possunt, quod ex ipsis faciunt spirituum voluntates ».

a. Augustinus, *De civitate dei*, V, IX, B. Dombart et A. Kalb (eds.), Turnholti, Brepols, 1955, vol. 47, p. 139, 141.

au sujet des opérations de l'âme en général : « L'opération est un mode effectif. Or, effectif veut dire : "ce qui se meut soi-même de soi" ».

(61) Toutefois, à cela il faut dire que, bien qu'il convienne d'une certaine manière à autre chose que la volonté de se mouvoir de soi, cela convient tout spécialement et d'une façon plus appropriée à la volonté en raison de sa liberté, car elle n'est ni nécessitée ni contrainte relativement à ce genre de mouvement. C'est librement que la volonté meut et est mue. Car qu'elle se meuve elle-même formellement ou qu'elle meuve autre chose de manière efficiente, c'est librement qu'elle meut. Qu'elle soit mue par soi ou par Dieu de façon efficiente, c'est librement qu'elle est mue. Or, cela ne convient pas à d'autres [facultés] que la volonté, car [peu importe] que celles-ci meuvent autre chose ou se meuvent, ce n'est pas, en toute rigueur, librement [qu'elles le font], mais seulement en tant qu'elles sont sous l'empire de la volonté, qui, seule, est libre. Et parce que la volonté se meut librement, il s'ensuit que c'est d'une façon spéciale qu'il appartient à l'âme d'être mue de soi. De même que ce sont les êtres qui agissent librement – de ce nombre sont les êtres rationnels –, dont on dit au sens propre qu'ils meuvent et qu'ils agissent de manière efficiente, de même, ce sont les êtres qui meuvent librement dont on dit au sens propre qu'ils se meuvent formellement.

(62) C'est ainsi qu'Augustin écrit ceci, au livre V de *La cité de Dieu*, chapitre 9 : « Dieu est la cause des choses qui fait mais n'est pas faite. Mais les autres causes font et sont faites ; il en est ainsi de tous les esprits créés et maximalement des [esprits] rationnels. Cependant, les causes corporelles, qui sont faites davantage qu'elles ne font, ne sont pas à compter au nombre des causes efficientes, car elles ne peuvent [faire] que ce que font d'elles les volontés des esprits ».

Illa igitur sola quae movent per voluntatem dicuntur proprie movere et agere, sive per voluntatem se moveant ad volendum, quod est movere se per voluntatem formaliter, sive moveant se ad agendum secundum aliquam aliam potentiam, quod est movere se per voluntatem, sive moveant aliquid aliud a se. Et ideo, licet anima dicatur moveri ex se etiam secundum alias potentias, specialiter tamen et proprie dicitur ex se moveri secundum voluntatem, in quantum secundum ipsam sponte et libere se movet.

(63) Unde dicit Augustinus, in *Libro LXXXIII Quaestionum quaestione 9*[a] : « Moveri per se animam sentit, qui sentit in se esse voluntatem. Nam si volumus, non alius de nobis vult. Et iste motus animae spontaneus est. Hoc enim ei tributum est a Deo ».

(64) Haec igitur ad solutionem primae dubitationis sufficiant. Quae ideo sunt diffusius pertractata, quia non solum ad hanc dubitationem, verum etiam ad multorum aliorum intelligentiam conferre possunt, ea volentibus acceptare.

---

a. Augustinus, *De diversis quaestionibus octoginta tribus*, q. VIII, A. Mutzenbecher (ed.), Turnholti, Brepols, 1975, p. 15, 2-4.

Seuls les êtres qui meuvent par la volonté sont dits au sens propre mouvoir ou agir, soit qu'ils se meuvent à vouloir par la volonté – ce qui est se mouvoir formellement par la volonté –, soit qu'ils se meuvent à agir selon une certaine autre puissance – ce qui est se mouvoir de [façon efficiente] par la volonté –, soit [enfin] qu'ils meuvent quelque chose d'autre qu'eux-mêmes. Ainsi, bien qu'on dise que l'âme est mue de soi selon d'autres puissances aussi, c'est au sens spécial et propre qu'on dit qu'elle est mue de soi selon la volonté, dans la mesure où c'est selon [la volonté] qu'elle se meut spontanément et librement.

(63) C'est ainsi qu'Augustin, au *Livre des 83 questions*, question 9, écrit : « L'âme sent qu'elle est mue par soi, car elle sent qu'elle a en elle de la volonté, car si nous voulons, ce n'est pas un autre que nous qui veut. Et ce mouvement de l'âme est spontané ; il lui a été conféré par Dieu ».

(64) Que cela suffise en guise de réponse à la première difficulté. Nous avons longuement développé [nos arguments], car, pour peu qu'on les accepte, ils peuvent aider à dissiper non seulement la présente difficulté, mais beaucoup d'autres encore.

QUODLIBETUM I

QUAESTIO XII

(65) Duodecimo quaeritur : Utrum intellectus agens sit aliquid animae. Et videtur quod non. Quod enim est substantia actu ens, non est aliquid animae, tamquam eius pars potentialis. Sed intellectus agens est « substantia actu ens » sicut dicit Aristoteles, in *III De Anima*[a]. Ergo non est aliquid animae.

(66) In contrarium arguitur sic. Secundum Philosophum, in *III De Anima*[b], « sicut in omni natura, sic et in anima est ponere » duas « differentias ». Hae autem sunt intellectus possibilis et agens. Differentiae autem alicuius rei sunt aliquid illius rei. Igitur intellectus agens est aliquid animae.

(67) Ad huius quaestionis dissolutionem procedendum est hoc modo :

(68) Primo enim, ad ipsius quaestionis intellectum, distinguendum est de intellectu agente.

a. Aristoteles, *De anima*, III, 5, 430a18.
b. *Ibid.*, III, 5, 430a10-14.

QUODLIBET I

(65) Douzième question : l'intellect agent est-il quelque chose qui appartienne à l'âme ? Il semble que non. En effet, une substance en acte n'est pas quelque chose qui appartienne à l'âme comme une de ses parties potentielles. Mais l'intellect agent est « une substance en acte », comme le dit Aristote au livre III du *Traité de l'âme*. Donc il n'est pas quelque chose qui appartienne à l'âme.

(66) En sens contraire, on raisonne ainsi : selon le Philosophe au livre III du *Traité de l'âme*, « comme dans toute la nature, de même, il faut poser dans l'âme deux différences », à savoir l'intellect possible et [l'intellect] agent. Or, les différences d'une chose sont quelque chose qui lui appartient ; l'intellect agent est donc quelque chose qui appartient à l'âme.

(67) Pour résoudre cette question, il faut procéder de la manière suivante.

(68) Premièrement, pour en comprendre le sens, une distinction s'impose concernant l'intellect agent.

(69) Secundo, videndum est quid de intellectu agente opinati sunt, tam antiqui philosophi quam posteriores doctores, et quid sit in eorum opinionibus dubitabile.

(70) Tertio, tangendus est quidam alius modus dicendi de intellectu agente satis rationabilis.

(71) Quarto, quia etiam iste modus dubitationem videtur habere, ideo circa ipsum movenda sunt quaedam dubia, et solvenda.

(72) Quantum igitur ad primum, sciendum est quod intellectus agens potest dupliciter accipi.

(73) Uno enim modo potest accipi respectu cuiuscumque producti communiter. Et hoc modo omnis intellectus producens aliquid dicitur intellectus agens. Sic enim ipsa prima omnium causa dicitur intellectus agens, quia omnia producit et movet. Unde et Anaxagoras intellectum, segregantem res ex illo chaos quod ipse posuit et imperantem, vocavit intellectum agentem, secundum praedictum modum. Sic etiam intellectus cuiuslibet artificis dicitur intellectus agens, quia producit aliquid extra.

(74) Alio modo dicitur intellectus agens respectu ipsius actionis intellectualis specialiter. Et hoc modo dicitur intellectus agens ille intellectus, cuius virtute fit actio intellectualis in nobis. Cum enim simus intelligentes, quandoque quidem in potentia, quandoque in actu, nec procedat aliquid de potentia in actum nisi per aliquod agens, oportet ponere aliquid quod agit in nobis actionem intelligendi. Quod quidem agens oportet esse de genere intellectus, quia, quod non est naturae intellectualis, non potest actionem

(69) Deuxièmement, il faut voir ce que les philosophes anciens et les Docteurs plus tardifs ont dit au sujet de l'intellect agent ainsi que ce qu'il y a de douteux dans leurs opinions.

(70) Troisièmement, il faut aborder une autre manière, suffisamment raisonnable, de concevoir l'intellect agent.

(71) Quatrièmement, du fait que cette conception aussi semble problématique, il faut formuler certains doutes à son sujet et les réfuter.

[Première partie : qu'est-ce que l'intellect agent ?]

(72) Concernant le premier point, il faut savoir que l'intellect agent peut se comprendre de deux manières.

(73) D'une [première] manière, il peut être compris relativement à toute production en général. En ce sens, tout intellect qui produit quelque chose est qualifié d'intellect agent. Ainsi, la cause première de toutes [choses] elle-même est appelée intellect agent parce qu'elle produit et meut tout. C'est en ce sens qu'Anaxagore appela du nom d'intellect agent cet intellect qui, à partir du chaos – dont Anaxagore postulait l'existence –, séparait toutes choses et leur commandait. C'est ainsi aussi que l'intellect de tout artisan est appelé intellect agent, parce qu'il produit quelque chose d'extérieur [à lui].

(74) D'une autre manière, l'intellect agent se dit spécifiquement de l'action même de l'intellect. En ce sens, est appelé intellect agent cet intellect par le pouvoir duquel s'opère l'action intellectuelle en nous. Puisque nous pensons parfois en puissance, parfois en acte, et que rien ne passe de la puissance à l'acte si ce n'est sous l'action d'un agent, il convient de poser quelque chose qui opère en nous l'acte de penser. Or, il convient que cet agent soit du genre de l'intellect, car ce qui n'est pas de nature intellectuelle ne peut pas produire d'action

intellectualem producere; et ideo istud agens intellectus agens vocatur.

(75) Primo igitur modo non procedit quaestio praesens de intellectu agente; sed secundo modo, ut intelligatur hoc modo quaestio: Utrum scilicet intellectus agens, id est intellectus qui agit et causat in nobis actionem intelligibilem, sit aliquid animae tamquam eius pars potentialis, vel sit aliqua alia substantia intellectualis per se subsistens.

(76) His autem praemissis ad intellectum quaestionis, videndum quid de intellectu agente opinati sunt tam philosophi antiqui quam posteriores doctores. Propter quod sciendum, quod Joannes Grammaticus, *super III De Anima*[a], plures opiniones recitat de intellectu agente.

(77) Nam, ut ait, quidam dixerunt intellectum agentem esse intellectum universalem et omnium conditorem, scilicet Deum ipsum[b]. Et hoc dicitur sensisse Plato; propter quod intellectum agentem assimilavit soli[c]. Hoc etiam et quidam doctores catholici posuerunt, dicentes intellectum agentem esse Deum, qui est «lux vera, quae illuminat omnem hominem venientem in hunc mundum»[d], moti fortassis ad hoc dicendum ex pluribus verbis beati Augustini, quae hoc insinuare videntur.

---

a. Ioannes Philoponus, *Commentum super capitulum de intellectu in libro tertio Aristotelis de anima*, cap. V, dans Jean Philopon, *Commentaire sur le De Anima d'Aristote*, traduction de Guillaume de Moerbeke, éd. critique avec une introduction sur la psychologie de Philopon par G. Verbeke, Louvain-Paris, Publications universitaires-Nauwelaerts, 1966, p. 42-55.

b. *Ibid.*, cap. V, ed. Verbeke, p. 43,18-p. 44, 19.

c. *Cf.* Themistius, *Themistii Paraphrasis eorum quae de anima Aristotelis*, liber sextus, G. Verbeke (ed.), Leiden, Brill, 1973, p. 235, 7-12.

d. IOH., 1, 9.

intellectuelle. C'est pourquoi cet agent se nomme intellect agent.

(75) La présente question ne traite pas de l'intellect agent [entendu] de la première façon, mais bien de la seconde façon, si bien que la question doit se formuler ainsi : l'intellect agent, c'est-à-dire l'intellect qui opère et cause en nous l'action intelligible, est-il quelque chose qui appartienne à l'âme en tant qu'une de ses parties potentielles, ou bien est-il une certaine autre substance intellectuelle subsistant par soi ?

[*Deuxième partie : les opinions des philosophes*]

(76) Après avoir ainsi précisé le sens de la question, il faut examiner les opinions des philosophes anciens et des Docteurs plus tardifs concernant l'intellect agent. À ce propos, il faut savoir que Jean le Grammairien énumère plusieurs opinions au sujet de l'intellect agent, au commentaire sur le troisième livre du *Traité de l'âme*.

(77) Certains, dit-il, affirmèrent que l'intellect agent est un intellect universel et créateur de toutes [choses], à savoir Dieu lui-même. Cela passe pour avoir été l'opinion de Platon. C'est pourquoi celui-ci compara l'intellect agent au soleil. Ce fut là également la position de certains Docteurs catholiques : ceux-ci soutenaient que l'intellect agent est Dieu, qui est la « lumière vraie qui illumine tout homme venant en ce monde » ; position qui leur a peut-être été inspirée par les nombreux propos du bienheureux Augustin qui semblent aller dans ce sens.

(78) Secundum igitur hanc opinionem intellectus agens
non est aliquid animae, sicut eius potentia vel pars; sed, licet
hoc dictum indubitanter sit verum, eo quod Deus in anima et in
rebus omnibus principaliter operatur, non tamen videtur esse
sufficiens, ut communiter ponitur. Actio enim Dei operantis in
rebus non excludit specialia agentia, quibus, ex sua bonitate,
communicat dignitatem causandi. Et ideo, sicut in aliis rebus
naturalibus, et maxime perfectis, praeter universalia agentia
ponuntur agentia specialia, sic in anima, quae est quid perfectum inter omnia inferiora, praeter agens quod est Deus, videtur esse ponenda virtus aliqua specialis creata, quae causet
intellectualem operationem.

(79) Et ideo, est alia opinio quorumdam[a], dicentium
intellectum agenten esse intellectum quemdam, inferiorem
quidem divino intellectu, superiorem autem intellectu nostro
et ei secundum gradum naturae immediate supra positum, cuius
virtute fit in nobis intellectualis operatio; et hoc, vel secundum quamdam unionem ad nos, sicut posuit Alexander[b] et
Averroes[c], vel secundum influxum formarum intelligibilium
ab ipso in nos, sicut posuit Avicenna[d].

(80) Et secundum hanc etiam opinionem, intellectus
agens non est aliquid animae humanae tamquam eius

---

a. Ioannes Philoponus, *Commentum super capitulum de intellectu ...*,
cap. V, ed. Verbeke, p. 44, 29.

b. Alexander Aphrodisius, *De anima liber cum Mantissa*, I. Bruns (ed.),
Berlin, Reimer, 1886, p. 112, 23-31.

c. Averroes, *Commentarium magnum in Aristotelis De anima libros*,
F.S. Crawford, Cambridge (Mass.), The Mediaeval Academy of America,
1953, p. 484, 131 et p. 485, 164-165.

d. Averroes, *Aristotelis Metaphysicorum libri XIIII*, Venetiis, apud Junctas,
1562 (Aristotelis Opera cum Averrois Commentariis, vol. VIII), f. 181B.

(78) Selon cette opinion, l'intellect agent n'est pas quelque chose qui appartienne à l'âme, comme une de ses puissances ou une partie. Pourtant, bien que cette doctrine soit indubitablement vraie dans la mesure où Dieu opère à titre principal dans l'âme et dans toutes choses, toutefois elle ne paraît pas être suffisante, contrairement à ce qu'on suppose communément, car l'action de Dieu opérant dans les choses n'exclut pas les agents spéciaux auxquels il communique, par sa bonté, la dignité de causer. Pour cette raison, de même que l'on pose, chez les autres choses naturelles et surtout chez les plus parfaites, des agents spéciaux en plus des agents universels, de même, dans l'âme, qui est quelque chose de parfait parmi tous les [étants] inférieurs, il semble qu'il faille poser, outre l'agent qui est Dieu, une puissance spéciale créée qui cause l'opération intellectuelle.

(79) Il y a donc une autre opinion. Ses partisans soutiennent que l'intellect agent est un certain intellect – inférieur certes à l'intellect divin, mais supérieur au nôtre et précédant celui-ci immédiatement selon le degré de la nature –, et que, par son pouvoir, s'opère en nous l'opération intellectuelle. Cela se produit, ou bien en vertu d'une certaine union à nous – position d'Alexandre et d'Averroès –, ou bien par suite de l'influx de formes intelligibles de lui à nous – position d'Avicenne.

(80) Et selon cette opinion aussi, l'intellect agent n'est pas quelque chose qui appartienne à l'âme humaine, comme une

pars potentialis. Sed et haec opinio neque sufficiens neque
conveniens esse videtur. Sufficiens quidem enim non est, quia,
cum omnes intellectuales substantiae, quae sunt supra animam
humanam, inter causas universales numerantur, praeter ipsas
oportet ponere in anima specialem virtutem agentem in intelligendo, sicut et supra dictum est de Deo. Conveniens etiam non
est, eo quod talis unio illius intellectus ad nos, vel infuxus
ipsius in nos, qualem posuerunt praedicti philosophi, sanae
docrinae repugnat, sicut a magnis doctoribus est sufficienter
ostensum.

(81) Possunt tamen dici substantiae intellectuales agentes
in nos aliquo modo, quantum ad intellectum, in quantum nos
de aliquibus docent, non quidem principaliter operando, sed
coadiuvando. Iste autem secundus modus agendi praeexigit
virtutem aliquam intellectualem, in nobis agentem principaliter actionem actualem; et hoc proprie debet dici intellectus
agens.

(82) Et propter hoc est alia opinio vel positio aliquorum,
qui posuerunt, intellectum agentem non esse aliquid ab anima
separatum, sed in ipsa existens[a]. Dicunt enim in ipsa anima
esse duplicem intellectum. Unum quidem, qui potentia est,
et dicitur possibilis. Alium vero, qui actu, et agens vocatur.
Et eum, qui potentia, dicunt semper in anima existere; illum
vero, qui actu, de foris ingredi, et aliquando perficere eum
qui potentia. Et haec fuit opinio quorumdam Platonicorum,
qui, non recte accipientes quod a Platone dictum est,

---

a. Ioannes Philoponus, *Commentum super capitulum de intellectu ...*,
cap. V, ed. Verbeke, p. 45, 39-52.

de ses parties potentielles. Pourtant, cette opinion non plus ne paraît ni suffisante ni convenable. Elle n'est pas suffisante, car, toutes les substances intellectuelles qui sont situées au-dessus de l'âme humaine étant comptées parmi les causes universelles, il convient de poser dans l'âme, outre celles-ci, une puissance spéciale agissant dans l'acte de penser, à l'instar de ce qui a été dit plus haut au sujet de Dieu[1]. Elle n'est pas convenable non plus, dans la mesure où une telle union de cet intellect à nous, ou un influx de lui à nous du type de celui que posent les philosophes susnommés, répugne à la saine doctrine, ainsi que cela a été suffisamment démontré par d'éminents Docteurs.

(81) Cependant, on peut dire que les substances intellectuelles agissent sur nous d'une certaine manière relativement à l'intellect, dans la mesure où elles nous dispensent des enseignements, non certes en opérant à titre principal, mais à titre de co-adjuvant. Mais ce second mode d'action présuppose une certaine puissance intellectuelle opérant en nous à titre principal l'action en acte ; et c'est cela qui, au sens propre, doit être qualifié d'intellect agent.

(82) Pour cette raison il y a une autre opinion ou position dont les partisans posèrent que l'intellect agent n'est pas quelque chose de séparé de l'âme, mais [quelque chose] d'existant en elle. Ils affirment qu'il y a deux intellects dans l'âme : un est en puissance et se nomme [intellect] possible ; l'autre est en acte, et s'appelle [intellect] agent. Ils disent que celui qui est en puissance existe toujours dans l'âme, mais que celui qui est en acte y entre de l'extérieur, et qu'il parachève parfois celui qui est en puissance. Ce fut là l'opinion de certains Platoniciens, qui comprirent incorrectement la thèse de Platon selon

1. Cf. *supra* (78), p. 115.

animam semper moveri, et referentes nomen motus ad cognitionem, posuerunt animam semper intelligere per intellectum, qui est actu. Cuius tamen oppositum experimur, quia neque parvi, neque dormientes, neque mente alienati intelligunt.

(83) Huic autem opinioni videtur esse vel eadem vel propinqua, opinio Themistii, sicut patet in expositione sua super librum *De Anima* Aristotelis[a]. Posuit enim in anima esse duplicem intellectum, scilicet possibilem et factivum, et utrumque potentialem partem ipsius animae, utrumque separatum, utrumque immortalem et perpetuum, factivum tamen honorabiliorem, et a quo possibile est homini esse utrumque. Etiam dixit esse intelligentem, sed factivum semper actu, possibilem autem non semper. Et quod in possibili plurima sunt intellecta multipliciter et divisim, in factivo autem simul et unitive. Et in factivo idem est essentia et actus; in possibili vero dissimilis essentia ab actu. Et utrumque ipsorum posuit multiplicari secundum multiplicationem hominum, licet reducantur omnes in unum primum intellectum, scilicet divinum, a quo omnes derivantur.

(84) Unde ait quod est unus illustrans primus; illustrati autem et illustrantes sunt plures, sicut sol quidem unus est, lumen autem ab ipso derivatum dividitur et multiplicatur. Posuit etiam quod, licet uterque intellectus sit in ipsa anima et pars ipsius, possibilis tamen magis est animae connaturalis; et quod possibilis, cum de se sit in potentia intelligens, perficitur et fit actu intelligens a factivo illustrante sibi, qui comparatur ad ipsum sicut ars ad materiam. Non tamen

---

a. Themistius, *Themistii Paraphrasis eorum quae de anima Aristotelis*, liber sextus, ed. Verbeke, p. 223, 77-p. 242, 53.

laquelle «l'âme est toujours mue». Rapportant le mot «mouvement» à la connaissance, ils posèrent que l'âme comprend toujours par l'intellect qui est en acte, alors que l'expérience nous apprend le contraire, puisque ni les enfants, ni les dormeurs, ni les aliénés ne pensent.

(83) L'opinion de Thémistius semble être la même que celle-ci ou en est proche, ainsi qu'il ressort de son commentaire sur le *Traité de l'âme* d'Aristote. Il soutenait qu'il y avait deux intellects dans l'âme, à savoir le possible et le producteur; que les deux sont des parties potentielles de l'âme même; que les deux sont séparés, immortels et perpétuels, mais que le producteur est plus honorable et qu'il est ce par quoi il est possible à l'homme d'être les deux [intellects]. Il a aussi dit que [les intellects] pensent; que le producteur pense toujours en acte, mais non le possible; que dans le possible des [choses] nombreuses sont pensées de façon multiple et séparément [les unes des autres], alors que dans le producteur [elles sont pensées] ensemble et de façon unitive; que dans le producteur l'essence et l'acte sont le même, alors que dans le possible l'essence est distincte de l'acte. Il posa que chacun d'eux était multiplié selon la multiplication des hommes, même si tous se ramènent à un intellect premier, c'est-à-dire divin, dont tous sont tirés.

(84) Ainsi, il dit qu'il y a un seul illuminant premier, mais que les illuminés et les illuminants sont plusieurs, comme le soleil est un, alors que la lumière qui en émane est divisée et multipliée. Il posa aussi que, bien que les deux intellects fussent dans l'âme même et fussent une partie de lui, le possible est cependant plus connaturel à l'âme; que le possible, qui, de soi, est en puissance de penser, est parachevé et devient en acte de penser sous l'illumination du producteur, qui se rapporte à lui comme l'art à la matière. Cependant, ce

est ars materiae exterioris, sicut aedificativa respectu lignorum, sed investitur intellectus factivus toti potentiae intellectivae (?), ac si ars aedificativa esset in lignis. Et sic fit unum ex
possibili et factivo, sicut ex materia et forma aliquo modo.

(85) Sed haec etiam opinio dubitabilis est. Cum enim
anima per intellectum factivum omnia intelligat actu, ut dicit,
praeter necessarium videtur, et superfluum, inducere alium
qui dicatur possibilis, nisi quis dicere velit quod possibilis
intellectus, in anima est positus, propter hoc quod est unibilis
corpori, in quo acquirit perfectionem intelligibilem, secundum
possibilem intellectum, illustrante factivo. Sed hoc etiam non
videtur rationabiliter dici, quia tunc in anima esset duplex
intelligendi modus, simul et respectu eorundem obiectorum;
et hoc naturaliter. Et praeterea, cum anima separatur a corpore,
tunc saltem videtur intellectus possibilis esse otiosus et frustra,
cum non perficiatur a factivo qui est in actu, nisi secundum
ordinem ad fantasmata, ut videtur, quia sine fantasmate nihil
intelligit, vel, si possit ab ipso perfici sine habitudine ad
fantasmata, nihil minus videtur supervacue poni.

(86) Amplius, sicut dictum est, experimur nos non semper
intelligere; quod non esset, si semper esset in anima intellectus
in actu. Si autem aliquis dicat quod intelligimus quidem,
non perpendimus autem, irrationabiliter dicitur. Non enim

n'est pas un art [qui s'exercerait] sur une matière extérieure comme [l'art de] de la construction par rapport au bois ; au contraire : l'intellect producteur investit toute la puissance intellective, comme si l'art de la construction était dans le bois ; ainsi, quelque chose d'un résulte du possible et du producteur, comme, d'une certaine façon, de la matière et de la forme.

(85) Mais cette opinion aussi est douteuse. Puisque l'âme pense tout en acte par l'intermédiaire de l'intellect producteur ainsi qu'il le dit, il paraît inutile et superflu d'introduire un autre [intellect] qu'on appellerait « possible », à moins qu'on veuille dire que l'intellect possible est situé dans l'âme parce que celle-ci est susceptible d'être unie au corps dans lequel elle acquiert une perfection intelligible grâce à l'intellect possible [et] sous l'illumination du producteur. Mais cela non plus ne paraît pas raisonnable, car alors il y aurait dans l'âme, en même temps et par rapport aux mêmes objets, deux modes d'intellection, et ce, à titre naturel. Qui plus est, c'est surtout lorsque l'âme est séparée du corps que l'intellect possible semble inutile et vain. En effet, celui-ci n'est parachevé par le producteur qui est en acte que dans la mesure où il a un rapport aux images, car, sans images, il ne pense rien ; ou alors, s'il peut être parachevé par lui sans rapport aux images, il ne semble pas moins avoir été postulé inutilement.

(86) Ensuite, ainsi que cela a été dit[1], c'est un fait d'expérience que nous ne pensons pas toujours ; or, il n'en serait pas ainsi si l'intellect était toujours en acte dans l'âme. Si quelqu'un disait que nous pensons mais que nous n'y portons pas attention, cela est déraisonnable. Il n'est pas

---

1. En (82), p. 117.

contingit intelligere aliquem non perpendentem. Sunt autem et alia multa, quae induci possent contra praedictum modum ponendi.

(87) Ideo est quarta opinio, quam ipse Joannes Grammaticus magis acceptat[a]. Dicit enim quod intellectus agens et possibilis aliquando unus et idem perfectio et imperfectio differens. Quod sic est intelligendum. Sicut enim aliquid dicitur possibile, ex eo quod est in potentia, sic dicitur agens, in quantum est actu et facit aliud in actu. Intellectus autem noster quandoque quidem est potentia intelligens, quandoque autem actu. Nihil autem educitur de potentia in actum, nisi per aliud ens actu. Intellectus ergo qui est in potentia, secundum quod huiusmodi, dicitur possibilis. Sed intellectus qui est in actu, per quem ille qui est in potentia ducitur de potentia in actum, dicitur agens. Iste autem est intellectus doctoris, qui et ipse fuit ductus de potentia in actum, per alium intellectum actu existentem. Sicut etiam contingit in generationibus aliarum rerum naturalium.

(88) Secundum hoc ergo tam intellectus agens quam possibilis sunt quid animae, et sunt in anima, non quidem in eadem secundum numerum, sed in eadem secundum speciem, et differunt secundum perfectum et imperfectum. Unde dicit Aristoteles, *II De Anima*[b], quod ille qui est potentia sciens, addiscit et accipit scientiam ab actu ente et a didascalo.

(89) Si vero dicatur quod non semper fit aliquis de potentia intelligente, actu intelligens per doctrinam alterius, sed quandoque per inventionem propriam, respondet ad hoc Joannes Grammaticus quod intellectus possibilis saltem

a. Ioannes Philoponus, *Commentum super capitulum de intellectu ...*, cap. V, ed. Verbeke, p. 45, 53-59.

b. Aristoteles, *De anima*, II, 5, 417b12-13.

possible que quelqu'un pense sans porter attention. Bien d'autres objections peuvent être avancées contre cette position.

(87) Il y a une quatrième opinion, que Jean le Grammairien trouve plus acceptable. Il dit que l'intellect agent et [l'intellect] possible sont parfois un et le même, différant du point de vue de la perfection et de l'imperfection, position qu'il faut comprendre ainsi : de même qu'on dit que quelque chose est possible parce qu'il est en puissance, de même, on dit que quelque chose est agent dans la mesure où il est en acte et où il fait qu'une autre chose soit en acte. Or, notre intellect est parfois en puissance de penser, parfois en acte. Mais rien ne passe de la puissance à l'acte si ce n'est sous l'action d'un autre étant en acte. Donc, on qualifie de possible l'intellect qui est puissance en tant qu'il est en puissance ; mais l'intellect qui est en acte, par lequel celui qui est en puissance est conduit de la puissance à l'acte, on l'appelle [intellect] agent. C'est l'intellect du maître qui a lui-même été conduit de la puissance à l'acte par un autre intellect existant en acte, comme cela arrive aussi dans les générations des autres choses naturelles.

(88) Selon cette position, donc, tant l'intellect agent que l'intellect possible appartiennent à l'âme et sont dans l'âme ; seulement, ils n'y sont pas selon une identité numérique, mais bien selon une identité spécifique, et diffèrent selon le parfait et l'imparfait. Aussi Aristote explique-t-il au second livre du *Traité de l'âme* que celui qui sait en puissance apprend et reçoit la science de ce qui est en acte ainsi que du maître.

(89) Mais si on dit que quelqu'un qui est en puissance de penser ne devient pas toujours en acte de penser grâce à l'enseignement d'un autre, mais parfois par sa propre découverte, Jean le Grammairien répond que l'intellect possible reçoit à

principia universalia accipit a doctore, et tunc, secundum illa
principia, potest se ipsum ducere in actum quantum ad alia [a].

(90) Haec autem opinio, et si vera sit, non tamen est
sufficiens. Sic enim doctor causat scientiam, sicut medicus
sanitatem; medicus autem sanat non principaliter, sed admini-
culando. Virtus autem naturae, in eo qui sanatur, est agens
principaliter sanitatem. Similiter igitur illud, quod principaliter agit ad acquisitionem scientiae, est aliquod principium intra in anima illius qui addiscit. Doctor autem operatur coadiuvando. Quare, praeter intellectum doctoris, oportet
ponere aliquid activum in eo qui ducitur de potentia in actum
secundum intelligere, non solum quantum ad secunda intelligibilia vel conclusiones, sed etiam quantum ad prima intelligibilia; quae sunt universalia principia quorum non est proprie
doctrina, cum sint naturaliter nota, sicut dicit Commentator in
II Metaphysicae [b].

(91) Et ideo est quinta opinio, quam plures doctores
moderni sequuntur, quod videlicet intellectus agens est aliquid
animae, et est in anima, sicut quaedam eius potentia, realiter
differens ab intellectu possibili. Ita quod in anima sunt hae
duae potentiae, per quarum unam, scilicet per intellectum
possibilem, est in potentia ad recipiendum intellectualem
perfectionem, per agentem, ut agit et efficit perfectionem
intellectualem, in quantum per ipsum, quae sunt intelligibilia in potentia, fiunt actu intelligibilia per abstractionem a
materialibus conditionibus.

---

a. Ioannes Philoponus, *Commentum super capitulum de intellectu* ...,
cap. V, ed. Verbeke, p. 56, 31-34.

b. Averroes, *Aristotelis Metaphysicorum libri XIIII*, p. 29A.

tout le moins les principes universels du maître, principes grâce auxquels il peut lui-même se porter à l'acte relativement à autre chose.

(90) Pourtant, cette opinion, même si elle était vraie, ne serait pas suffisante. Le maître est cause de la science au même titre que le médecin est cause de la santé. Le médecin ne soigne pas à titre principal, mais à titre d'aide. Le pouvoir de la nature chez celui qui est soigné est l'agent principal de la santé. Semblablement, l'agent principal de l'acquisition de la science est un certain principe interne de l'âme de celui qui apprend. Le maître, lui, opère à titre de co-adjuvant. C'est pourquoi il importe de poser, outre l'intellect du maître, un certain [principe] actif chez celui qui est conduit de la puissance à l'acte de penser, non seulement relativement aux intelligibles seconds ou aux conclusions, mais aussi relativement aux premiers intelligibles. Ceux-ci sont les principes universels, qui ne sont pas à proprement parler objets d'enseignement, puisqu'ils sont connus naturellement, comme le dit le Commentateur au livre II de la *Métaphysique*.

(91) Il y a donc une cinquième opinion, suivie par plusieurs Docteurs modernes, à savoir que l'intellect agent est quelque chose qui appartient à l'âme et qui s'y trouve en tant qu'une de ses puissances, différant réellement de l'intellect possible. Ainsi, il y a dans l'âme deux puissances. Par le moyen d'une d'entre elles, à savoir l'intellect possible, l'âme est en puissance vis-à-vis de la réception d'une perfection intellectuelle [qu'elle reçoit] sous l'action de [l'intellect] agent, dans la mesure où, par lui, les intelligibles en puissance deviennent intelligibles en acte par abstraction des conditions matérielles.

(92) Hoc autem sic declaratur. Cum potentia intellectus sit ad intelligibilia, oportet quod ipsa intelligibilia moveant intellectum nostrum possibilem. Quod autem non est actu, non movet. Cum igitur obiectum intelligibile, quod est universale, non sit actu, quia illud non est aliquid extra animam nisi in potentia, oportet ponere aliquam virtutem in ipsa anima, per quam fiat actu intelligibile. Et haec virtus est intellectus agens. Et ideo, Plato, qui posuit universalia separata secundum rem, non indiguit ponere intellectum agentem.

(93) Qualiter autem intellectus agens faciat actu intelligibilia, quae sunt potentia intelligibilia, sic patet. Non enim agit in ipsas res, quae sunt potentia intelligibiles, secundum quod sunt extra animam, sed secundum quod earum similitudines reperiuntur in viribus sensitivis, quae etiam sunt potentiae quaedam eiusdem animae. Hoc enim modo intellectus agens potest ad res attingere, in quantum coniungitur earum similitudinibus, quae sunt in aliqua potentia sensitiva, cui adest intellectus agens, sicut et ipsa animae essentia, in qua fundatur. Quamvis autem rerum corporalium similitudines recipiantur in sensu sine materia, non tamen sine materialibus conditionibus. Et ideo res ipsae, etiam secundum quod sunt in sensibus, sunt potentia intelligibiles, nec possunt movere intellectum possibilem secundum quod huiusmodi sunt. Cum igitur rerum similitudines pervenerint ad virtutem fantasticam, a qua immediate accipit intellectus, tunc intellectus agens irradiat et illustrat ipsa fantasmata, per quam illustrationem abstrahuntur a conditionibus materialibus, ac per hoc fiunt actu intelligibilia.

(92) Cela peut s'expliquer de la manière suivante : comme la puissance de l'intellect est orientée vers les intelligibles, il importe que ces intelligibles meuvent notre intellect possible. Ce qui n'est pas en acte ne meut pas. Or, comme l'objet intelligible, qui est universel, n'est pas en acte – il n'est quelque chose hors de l'âme qu'en puissance –, il convient de poser un pouvoir dans l'âme même par lequel [l'objet] devient intelligible en acte. Ce pouvoir, c'est l'intellect agent. C'est pourquoi Platon, qui postulait des universaux réellement séparés, pouvait se passer d'intellect agent.

(93) Comment l'intellect agent fait des intelligibles en acte à partir d'intelligibles en puissance, c'est ce qui ressort clairement de ce qui suit. Il n'agit certes pas sur les choses mêmes, qui sont intelligibles en puissance, en tant qu'elles sont extérieures à l'âme, mais en tant que leurs ressemblances se retrouvent dans les puissances sensitives, qui sont également des puissances de cette même âme. De cette façon, l'intellect agent peut atteindre les choses dans la mesure où il est conjoint à leurs similitudes, qui sont dans une certaine puissance sensitive à laquelle sont présents l'intellect agent et l'essence même de l'âme dans laquelle [cet intellect] s'enracine. Quoique les ressemblances des choses corporelles soient reçues dans le sens sans la matière, elles ne sont toutefois pas [reçues] sans les conditions matérielles. Ainsi, les choses elles-mêmes, même en tant qu'elles sont dans les sens, sont intelligibles en puissance et ne peuvent à ce titre mouvoir l'intellect possible. Une fois que les ressemblances des choses sont parvenues dans la puissance imaginative d'où elles sont accueillies immédiatement par l'intellect, alors l'intellect agent illumine et éclaire les images. Grâce à cette illumination, elles sont abstraites des conditions matérielles et deviennent intelligibles en acte.

Et sic possunt intellectum possibilem immutare et facere ipsum in actu.

(94) Sic igitur, ad hoc quod intellectus possibilis fiat in actu, requiruntur fantasmata, quae sunt similitudines quaedam determinatarum rerum, et requiritur intellectus agens, cuius virtute fantasmata possunt movere possibilem intellectum. Non quod intellectus agens faciat aliquam dispositionem positivam in ipsis fantasmatibus, sed quia, ex quadam spirituali vel virtuali coniunctione ipsius ad fantasmata, quae illustratio dici potest, ipsa fantasmata separantur et abstrahuntur a conditionibus materialibus, non secundum rem, sed secundum immutandi rationem, in quantum immutant intellectum possibilem, quantum ad essentiam rei, et non quantum ad conditiones materiales. Et hoc modo dicuntur abstrahi species a fantasmatibus.

(95) Et istud ab aliquibus declaratur tali exemplo[a]. Ponatur enim quod lac, quod est dulce et album, per se ipsum, absque praesentia luminis, non posset se facere in medio secundum speciem albi, quin faceret se secundum speciem dulcis. Sed lumine praesente posset se facere in medio secundum speciem albi, absque specie dulcis. Tunc enim diceretur fieri abstractio albi a dulci, non secundum rationem essendi, sed solum secundum rationem immutandi. Similiter dicendum est de abstractione, quam facit intellectus agens ab ipsis fantasmatibus.

(96) Sed et iste modus dicendi, licet sit possibilis, quantum ad hoc quod ponit intellectum agentem esse aliquid animae et quamdam animae potentiam, tamen est dubitabilis, quantum

a. Godefridus de Fontibus, *Quodlibet* V, q. 10, M. De Wulf et J. Hoffmans (eds.), Louvain, Institut supérieur de philosophie de l'Université, 1914, p. 37.

Et c'est ainsi qu'elles peuvent mouvoir l'intellect possible et en faire un intellect en acte.

(94) Ainsi donc, afin que l'intellect possible devienne en acte, sont requises : les images, qui sont des ressemblances de choses déterminées, et l'intellect agent, par le pouvoir duquel les images peuvent mouvoir l'intellect possible. Non pas que l'intellect agent cause une disposition positive dans les images mêmes ; au contraire, en raison d'une certaine conjonction spirituelle ou virtuelle de l'intellect avec les images, [conjonction] qu'on peut appeler illumination, les images sont séparées et abstraites des conditions matérielles ; elles n'en sont pas séparées et abstraites réellement mais selon la notion de mouvement, dans la mesure où elles meuvent l'intellect possible relativement à l'essence de la chose et non relativement aux conditions matérielles. Et c'est ainsi qu'on dit que les espèces sont abstraites des images.

(95) C'est ce que certains expliquent au moyen de l'exemple suivant : supposons que le lait, qui est sucré et blanc, ne puisse pas, de soi, en l'absence de la lumière, faire qu'il soit [lui-même] dans le milieu sous l'espèce du blanc sans faire qu'il y soit sous l'espèce du sucré. Mais en présence de la lumière, il peut faire qu'il soit dans le milieu selon l'espèce du blanc sans [faire qu'il y soit sous] l'espèce du sucré. On parlerait alors d'une abstraction du blanc à partir du sucré, non pas suivant la notion d'étant, mais seulement suivant la notion de mouvement. Il en va semblablement de l'abstraction qu'opère l'intellect agent à partir des images mêmes.

(96) Mais cette doctrine, tout en étant possible dans la mesure où elle pose que l'intellect agent est quelque chose qui appartient à l'âme et qu'il est une certaine puissance de l'âme, est néanmoins douteuse en ce qu'elle

ad hoc quod ponit intellectum agentem esse potentiam diffe-
rentem, re absoluta, ab intellectu possibili, ct etiam quantum
ad modum agendi, quem assignat eidem. Nam, ut videtur, illa,
quae Commentator Averroes dixit de intellectu agente sepa-
rato[a], haec opinio nititur applicare ad quamdam potentiam in
nobis. Quae applicatio, an convenienter fieri possit, satis est
dubium.

(97) Iterum, si propter hoc ponitur intellectus agens, quia
fantasmata secundum se non possunt immutare intellectum
possibilem, cum sint potentia intelligibilia ratione materiali-
tatis, eadem ratione ponendus est sensus agens, quia sensibilia
sunt intentiones sensatae in potentia. Et ideo, non possunt
secundum se, absque aliquo agente, immutare sensum. Sicut
enim intellectus excedit fantasmata, quia intellectus est virtus
immaterialis, fantasmata vero materialia, sic sensus excedit
sensibile, quia sensus est virtus vitalis. Sensibile autem est non
vivum, et sensibile est cum materia; sensus autem suscipit sine
materia. Aeque enim videtur inconveniens dicere quod actio
sensus causetur a sensibili secundum se, sicut quod actio
intellectus causetur a fantasmate secundum se.

(98) Ideo Averroes, hoc attendens, dicit et probat, in *II De
Anima*[b], quod necesse est ponere aliquod agens in sensibus,
aliud a sensibilibus, sicut necesse est hoc ponere in intellectu.
Sed, ut dicit, Aristoteles tacuit hoc in sensu quia latet magis
quam in intellectu[c]. Cum ergo praedicta opinio non ponat
sensum agentem, videtur etiam quod nec debeat ponere

a. Averroes, *Commentarium magnum in Aristotelis De anima libros*,
ed. Crawford, p. 438, 51-439, 57.

b. *Ibid.*, ed. Crawford, p. 221, 50-52.

c. *Ibid.*, ed. Crawford, p. 221, 55-56.

suppose que l'intellect agent est une puissance différente, réellement distincte de l'intellect possible, et ce, même en ce qui concerne le mode d'action qui lui est assigné. Car, ce qu'Averroès dit de l'intellect agent séparé, il semble que l'opinion en question cherche à l'appliquer à une certaine puissance [existant] en nous. Or, on peut douter qu'une telle application soit réalisable de façon adéquate.

(97) Ensuite, si on pose un intellect agent au motif que les images – qui sont intelligibles en puissance en raison de leur matérialité – ne peuvent par elles-mêmes mouvoir l'intellect possible, il conviendrait, pour la même raison, de poser un sens agent, car les sensibles sont des intentions ressenties en puissance. Voilà pourquoi ils ne peuvent, par eux-mêmes, sans agent, mouvoir le sens. De même que l'intellect surpasse les images, parce que l'intellect est un pouvoir immatériel, alors que les images sont matérielles, de même, le sens surpasse le sensible, parce que le sens est un pouvoir vital. Or, le sensible n'est pas vivant et il ne se rencontre pas sans la matière ; le sens, en revanche, accueille [le sensible] sans matière. Il est donc tout aussi incongru de dire que l'action du sens est causée par le sensible en tant que tel que [de dire que] l'action de l'intellect est causée par l'image en tant que telle.

(98) C'est pourquoi Averroès, à ce propos, soutient et prouve, au commentaire du livre II du *Traité de l'âme*, qu'il est nécessaire de poser un agent dans les sens, distinct des sensibles, comme cela est nécessaire dans le cas de l'intellect. Or, ainsi qu'il l'explique, si Aristote n'évoque pas [cet agent] dans le cas du sens, c'est parce qu'il est plus caché que dans le cas de l'intellect. Or, puisque l'opinion susdite ne pose pas de sens agent, il semble aussi qu'elle ne devrait pas poser

intellectum agentem, vel, si ponat agens in intellectu, debet etiam ponere in sensu.

(99) Amplius, cum substantia non sit sensibilis, nisi per accidens, similitudo substantiae non potest esse in fantasia, nisi per accidens. Similitudo autem substantiae per accidens, non potest causare in alio similitudinem substantiae per se, nec potest fieri virtute intellectus agentis quod illud, quod est per accidens, fiat per se. Quare non videtur posse salvari, secundum praedictum modum dicendi de intellectu agente, quomodo intellectus intelligat substantiam, et universaliter omnia quae non sunt per se sensibilia.

(100) Adhuc, cum intellectus agens sit potentia natura-liter animae indita, oportet ipsum ponere in anima respectu omnium intelligibilium et non tantum respectu aliquorum. Oportet etiam quod deserviat animae in intelligendo, non solum dum est corpori coniuncta, sed etiam cum est a corpore separata. Sed, ponendo intellectum agentem supradicto modo, non est animae necessarius, nisi solum respectu obiectorum materialium et solum dum est coniuncta corpori corruptibili.

(101) Est igitur praedictus modus dubitabilis. Sunt autem et alia plura quae dubitationem faciunt circa modum iam dictum.

(102) Narratis igitur summarie diversis opinionibus de intellectu agente, tertio tangendus est quidam alius modus dicendi de ipso, qui mihi apparet inter ceteros esse

d'intellect agent, ou alors, si elle pose l'agent dans l'intellect, elle doit le faire aussi dans le sens.

(99) Ensuite, la substance n'étant pas sensible, si ce n'est par accident, la ressemblance de la substance ne peut se trouver dans l'imagination, si ce n'est par accident. Une ressemblance par accident de la substance ne peut causer en un autre la ressemblance de la substance par soi, et il ne se peut que, [même] de par le pouvoir de l'intellect agent, ce qui est par accident devienne [quelque chose] qui est par soi. C'est pourquoi cette manière de concevoir l'intellect agent ne paraît pas pouvoir rendre compte de la façon dont l'intellect pense la substance, ni, de manière générale, [de la façon dont il pense] tout ce qui n'est pas sensible par soi.

(100) Ensuite, comme l'intellect agent est une puissance naturellement mise dans l'âme, il convient de poser qu'il se rapporte à tous les intelligibles et non pas seulement à certains. Il convient aussi qu'il soit au service de l'âme dans l'acte de penser, non seulement aussi longtemps qu'elle est conjointe au corps, mais aussi lorsqu'elle en est séparée. Or, en envisageant l'intellect agent de la façon susdite, celui-ci s'avère ne pas être nécessaire pour l'âme, si ce n'est en relation aux objets matériels et pour aussi longtemps qu'elle est conjointe au corps corruptible.

(101) Cette position est donc douteuse. Et il y a de nombreux autres doutes concernant la position déjà dite.

[*Troisième partie : solution de Jacques de Viterbe*]

(102) Après avoir résumé les différentes opinions relatives à l'intellect agent, il convient, en troisième lieu, d'aborder une autre façon de le concevoir, qui me paraît, entre toutes,

rationabilior; et est multorum antiquorum doctrinae, et maxime beati Augustini et Boetii, satis consonus.

(103) Est autem modus talis. Quod intellectus agens est quidem aliqua potentia animae rationalis, non tamen alia secundum rem absolutam ab intellectu possibili; sed una et eadem potentia dicitur et possibilis et agens, licet non eodem modo.

(104) Quod quidem faciliter potest intelligi et explicari, si considerentur quae superius in quaestione de voluntate dicta sunt. Sicut enim eadem potentia voluntatis dicitur movens et mota, et activa et passiva, sic in intellectu per omnia dicendum est; hoc excepto quod voluntas in sua motione libera est; intellectus autem non. Unde intuentibus quae in illa quaestione sunt dicta, non esset opportunum hic multa adducere.

(105) Verumtamen, suppositis his quae ibi sunt declarata velut praeambulis, ut aliqua eorum applicentur magis ad intellectum, de quo est praesens quaestio, considerandum quod anima respectu huiusmodi actionum, quae sunt intelligere, sentire et appetere, habet se aliquo modo passive, ex hoc ipso quod quandoque est in potentia secundum hoc, quandoque autem in actu; non tamen pure passive, sed etiam active. Quod tripliciter potest declarari.

(106) Primo, ex proprietate actionum vitalium. Omnis enim operatio vitalis est a principio activo intrinseco.

la plus raisonnable et qui est suffisamment conforme à l'enseignement de plusieurs anciens, surtout du bienheureux Augustin et de Boèce.

(103) Voici de quoi il s'agit. L'intellect agent est une puissance de l'âme rationnelle qui n'est pas une chose réellement distincte de l'intellect possible; au contraire, c'est une seule et même puissance qui est qualifiée de possible et d'agente, bien que ce ne soit pas de la même façon.

(104) On peut comprendre et expliquer cela facilement si l'on tient compte de ce qui a été dit plus haut dans la question traitant de la volonté[1] : de même que c'est la même puissance de la volonté qui est qualifiée de motrice et mue, active et passive, de même, cela doit être dit de l'intellect sous tous rapports, si ce n'est que la volonté, contrairement à l'intellect, est libre dans sa motion. Aussi serait-il inopportun de multiplier les arguments à l'intention de ceux qui ont considéré attentivement ce qui a été dit dans cette question.

(105) Toutefois, afin que certains des points présentés en ce lieu[2], et qu'on peut considérer comme autant de préambules, s'appliquent davantage à l'intellect, sur lequel porte la présente question, il faut considérer ce qui suit : l'âme se rapporte de façon passive aux actions de cette sorte que sont l'intellection, la sensation et l'appétition, par le fait même qu'elle est tantôt en puissance à leur égard, tantôt en acte; non toutefois de façon purement passive, mais aussi [de façon] active. Cela peut s'expliquer de trois manières.

(106) *Premièrement*, par la propriété des actions vitales. En effet, toute opération vitale procède d'un principe actif interne;

1. Cf. *supra*, q. 7, (10)-(49), p. 71-97.
2. À savoir, la question 7.

Sed huiusmodi actiones animae sunt operationes vitales. Ergo
sunt a principio activo intrinseco, non autem ab alio, nisi ab
anima. Minor huius rationis patet. Maior sic declaratur. In hoc
enim differunt viventia a non viventibus, quod non viventia
habent in se principium motus passivum, viventia vero non
solum passivum, sed etiam activum. Quod quidem apparet in
illis motibus qui sunt communes viventibus et non viventibus, sicut generatio, alteratio et motus localis. Dicuntur enim
viventia moveri secundum locum ex se, et generari et alterari
ex se, sicut dicit Commentator, in *II Physicorum*[a], et in *VII
Metaphysicae*[b], quia in se habent principium activum istorum
motuum. Multo magis igitur dicendum est quod, respectu
motuum qui solis viventibus conveniunt, habeant in se activum principium, quamvis huiusmodi principium debeat aliter
sumi quam principium in motibus supradictis. Sicut et huiusmodi motus, qui sunt proprii viventibus, sunt alterius rationis
et modi, quam illi qui sunt communes etiam non viventibus.

(107) Secundo, patet idem ex comparatione actionum ad
agentia. Oportet enim actus proportionari activis potentiis, ita
quod actus non excedat activam potentiam. Ex quo sequitur
quod actio vitalis non potest esse, nisi a principio activo vitali.
Sed huiusmodi actiones animae sunt vitales. Igitur sunt a
principio activo vitali, proprio et proportionato, ut intelligere
a principio intellectivo; et similiter de aliis. Habet ergo se
anima respectu huiusmodi actionum non pure passive, sed

---

a. Averroes, *Aristotelis de physico auditu* (Aristotelis Opera cum Averrois
Commentariis, vol. IV), f. 48DE.

b. Averroes, *Aristotelis Metaphysicorum libri XIIII*, f. 179CD.

or, les actions de l'âme [qui sont] de cette sorte sont des opérations vitales ; elles procèdent donc d'un principe actif interne qui n'est autre que l'âme. La mineure du raisonnement est évidente. La majeure s'explique comme suit : les êtres vivants se distinguent des non vivants en ce que les non vivants ont en eux un principe de mouvement passif, alors que les vivants ont non seulement un principe passif, mais aussi [un principe] actif. Cela est manifeste dans ces mouvements qui sont communs aux vivants et aux non vivants, comme la génération, l'altération et la locomotion. On dit en effet que les êtres vivants sont mus, selon le lieu, d'eux-mêmes, et [aussi] qu'ils sont engendrés et qu'ils sont altérés d'eux-mêmes, comme le dit le Commentateur au livre II de la *Physique* et au livre VII de la *Métaphysique*, [et ce], parce qu'ils ont en eux-mêmes un principe actif de ces mouvements. À bien plus forte raison, il faut dire, à propos des mouvements qui sont propres aux seuls vivants, qu'ils ont en eux-mêmes un principe actif, bien que ce principe doive être pris en un autre sens que le principe des mouvements susdits. De même, ces mouvements qui sont propres aux vivants ont une notion et un mode différents de ceux [qui caractérisent les mouvements qui] sont communs aux non vivants aussi.

(107) *Deuxièmement*, la même chose ressort clairement de la comparaison des actions et des agents. Il convient en effet que les actes soient proportionnés aux puissances actives, de telle sorte que l'acte n'excède pas la puissance active. D'où il suit que l'action vitale ne peut procéder que d'un principe actif vital. Or, les actions de l'âme dont il est question sont [des actions] vitales ; elles procèdent donc d'un principe actif vital [qui leur est] propre et proportionné, comme [l'action] de penser procède d'un principe intellectif ; et semblablement dans les autres cas. L'âme ne se rapporte donc pas de façon purement passive à ce type d'actions, mais [aussi de façon]

active; et magis sunt ab ipsa anima quam ab obiectis. Unde dicit Boetius, *V De Consolatione*[a]: « In cognoscendo cuncta, sua potius facultate, quam eorum quae cognoscuntur utuntur »; et hoc rationaliter. « Nam cum omne iudicium iudicandi actus existat, necesse est ut suam quisque operam non (ex) aliena potestate, sed ex propria perficiat ». Unde consequenter Boetius excludit et improbat opinionem Stoicorum, qui dicebant animam in cognoscendo, tam secundum intellectum, quam secundum sensum, habere se pure passive, sicut materia respectu formarum et sicut speculum respectu imaginum; ostendens ex ipsa conditione huiusmodi operationum animae, quod anima se habet respectu ipsarum sicut efficiens et agens.

(108) Tertio, apparet hoc idem ex differentia actionum. Actionum enim quaedam dicuntur transeuntes, quaedam vero manentes in ipso agente, sicut patet per Philosophum, in *IX Metaphysicae*[b]. Sed huiusmodi actiones animae sunt manentes in anima, et ipsam perficientes. Quare ipsa anima habet se active respectu ipsarum. Propter quod dicuntur actiones vel operationes animae, et non obiectorum. Quomodo autem huiusmodi operationes dicantur manentes, et quo modo non, in quaestione de voluntate dictum est.

(109) Ostenso igitur quod anima se habet et passive et active respectu huiusmodi operationum, est ulterius considerandum quod, non secundum aliud et aliud, sed secundum

a. Boethius, *Consolatio Philosophiae*, 5, 4, 38-39, ed. Moreschini, p. 150, 111-p. 151, 116.
b. Aristoteles, *Metaphysica*, IX, 8, 1050a34–b1.

active ; et celles-ci procèdent davantage de l'âme même que des objets. C'est pourquoi Boèce dit [ceci] au livre V de la *Consolation* : « En connaissant toutes [choses], [l'âme] se sert de sa propre faculté plutôt que de celles des objets qui sont connus » ; [il dit cela] à juste titre, « car, comme tout jugement est l'acte de celui qui juge, il est nécessaire que chacun parachève son action grâce à son propre pouvoir et non grâce au pouvoir d'un autre ». En conséquence, Boèce exclut et réfute l'opinion des Stoïciens, qui soutenaient que l'âme est purement passive dans l'acte de connaissance sensible et intellectuelle, comme [le sont] la matière relativement aux formes et un miroir relativement aux images. Il montre à partir de la nature même des opérations de l'âme que l'âme se rapporte à celles-ci comme [leur cause] efficiente et agente.

(108) *Troisièmement*, la même chose ressort clairement de la différence entre les actions. Parmi les actions, certaines sont qualifiées de transitives ; d'autres, en revanche, demeurent dans l'agent même, ainsi que le fait apparaître clairement le Philosophe au livre IX de la *Métaphysique*. Mais les actions de l'âme dont il est ici question demeurent dans l'âme et lui donnent sa perfection. C'est pourquoi l'âme se rapporte de manière active à elles. Et c'est pour cette raison qu'on les qualifie d'actions ou d'opérations de l'âme, et non [d'actions ou d'opérations] des objets. Quant à la question de savoir comment on dit que des opérations de cette sorte demeurent et comment non, cela a été expliqué dans la question portant sur la volonté [1].

(109) Après avoir montré que l'âme se rapporte de manière passive et de manière active à ce genre d'opérations, il faut en outre considérer qu'elle est qualifiée d'active et de passive, non

1. Cf. *supra*, q. 7, (43)-(48), p. 91-95.

unam et eandem potentiam, dicitur et passiva et activa. Quod patet, si consideretur qualis est illa potentia, secundum quam dicitur anima potentia intelligens vel sentiens. Est enim quaedam actualitas incompleta, pertinens ad secundam speciem qualitatis, quae est potentia naturalis, considerata secundum exordium et praeparationem quamdam respectu actus ulterioris. Unde dicitur aptitudo et idoneitas naturalis ad completum actum. Illud autem, quod sic est in potentia secundum actum quemdam incompletum, movetur ex se ad completum actum, non quidem efficienter, sed formaliter. Et ita secundum idem est passivum et activum, licet non eodem modo, nec actione et passione transeunte.

(110) Quo modo autem aliquid possit moveri ex se formaliter, et quo modo idem secundum idem possit esse activum et passivum, in quaestione iam dicta de voluntate plenius declaratum est. Unde, ad intelligendum quae in hac quaestione tanguntur, breviter oportet recurrere ad ea, quae ibi sunt prolixius elucidata.

(111) Sic igitur est dicendum quod, secundum Anselmum, non solum in voluntate, sed etiam in intellectu et sensu, distinguitur instrumentum et aptitudo instrumenti et usus instrumenti. Instrumentum autem in intellectu dicitur ipsa potentia intellectiva, quae est aptitudo quaedam generalis. Aptitudines autem instrumenti sunt quaedam potentiae et aptitudines magis speciales, fundatae super illam generalem. Usus vero

pas relativement à deux [choses] différentes, mais relativement à une seule et même puissance. Cela apparaît clairement si l'on considère de quelle sorte est cette puissance d'après laquelle l'âme est qualifiée de puissance qui pense ou qui ressent. Il s'agit d'une certaine actualité incomplète relevant de la deuxième espèce de qualité. C'est une puissance naturelle considérée selon un commencement et une préparation vis-à-vis d'un acte ultérieur. C'est pourquoi on dit qu'elle est une aptitude et une idonéité naturelle tendant à un acte complet. Or, ce qui est en puissance de cette façon selon un acte incomplet est mû de soi vers l'acte complet, non certes de manière efficiente, mais formellement. Ainsi, il est passif et actif relativement au même, mais il ne l'est pas de la même manière, et il ne l'est pas à la manière d'une action ou d'une passion transitive.

(110) Comment quelque chose peut être mû de soi formellement, et comment le même selon le même peut être actif et passif, cela a été expliqué de façon plus complète dans la question déjà évoquée sur la volonté[1]. Aussi, pour comprendre le propos de la présente question, convient-il de revenir brièvement sur ce qui a été expliqué de façon plus détaillée en cet endroit[2].

(111) Selon Anselme, il convient de distinguer, non seulement sur le plan de la volonté, mais également sur le plan de l'intellect et du sens, l'instrument, l'aptitude de l'instrument, et l'usage de l'instrument. Dans le cas de l'intellect, l'instrument c'est la puissance intellective elle-même, qui est une aptitude générale, qui est qualifiée d'instrument. Les aptitudes de l'instrument sont des puissances et des aptitudes plus spécifiques, fondées sur la générale. Quant à l'usage de

---

1. À savoir, la question 7, (37), p. 85-87.
2. Cf. *supra*, q. 7, (10)-(31), p. 71-83.

instrumenti est actus potentiae. Sicut igitur voluntas movet se suis affectionibus, sic intellectus movet se suis aptitudinibus, et similiter sensus. Et sicut eadem potentia voluntatis est movens et mota, et activa et passiva, sic et eadem potentia intellectus est activa et passiva, et movens et mota. Eodem itaque modo et uniformiter ponendum est aliquid activum in omnibus huiusmodi potentiis, quia ipsa potentia cum suis aptitudinibus, secundum quod nata est perfici per ulteriores actus, dicitur possibilis, secundum vero quod ad illos actus movet se, non quidem efficienter, sed formaliter, dicitur agens. Et sic est intelligendum quod intellectus possibilis et agens est una et eadem potentia, diversimode sumpta.

(112) Est tamen considerandum quod, licet in omnibus huiusmodi potentiis possit hoc modo poni agens et possibile, tamen in intellectu maxime est consuetum dici. Quod provenisse videtur ex opinionibus philosophorum, ponentium intellectum agentem esse aliquid extrinsecum. Sed ab Augustino et Boetio, et aliis antiquis doctoribus, non fit huiusmodi distinctio agentis et possibilis circa intellectum, magis quam circa sensum, nisi quod ipsum Deum dicunt esse agentem principaliter in intellectum[a]. Quod et verum est. Quia ipse movet intellectum nostrum per modum efficientis, sicut etiam movet voluntatem. Qui producit animam cum suis potentiis et aptitudinibus; et tamen nihilominus intellectus movet se formaliter. Et hoc modo dicitur agens.

(113) Iterum, etiam est sciendum quod, licet omnes huiusmodi potentiae sint et passivae et activae, secundum aliquem modum, tamen, quanto potentia est altior et nobilior, tanto magis activa est. Ideo intellectus magis est activus quam

a. Cf. Augustinus, De civitate dei, XI, XXIV, ed. Dombart/Kalb, p. 344, 40.

l'instrument, c'est l'acte de la puissance. Ainsi, la volonté se meut par ses affections, comme l'intellect se meut par ses aptitudes; et il en va semblablement du sens. Et de même que la même puissance de la volonté est motrice et mue, active et passive, de même, la même puissance de l'intellect est active et passive, motrice et mue. C'est donc de la même manière et de façon uniforme qu'il faut poser quelque chose d'actif dans toutes ces puissances. En effet, on dit que cette puissance avec ses aptitudes est possible, en tant qu'elle est susceptible d'être parachevée par des actes ultérieurs, mais en tant qu'elle se meut à ces actes, non certes de manière efficiente, mais formellement, elle se dit [puissance] agente. Et c'est ainsi qu'il faut comprendre que l'intellect possible et agent sont une et même puissance, [mais] diversement prise.

(112) Cela dit, même s'il l'on peut poser un agent et un possible pour toutes les puissances de cette sorte, c'est surtout à propos de l'intellect qu'on a coutume de dire cela. La raison semble en être les opinions des philosophes qui posaient que l'intellect agent est quelque chose d'extrinsèque. Mais selon Augustin, Boèce et d'autres Docteurs anciens, si la distinction agent/possible s'applique davantage à l'intellect qu'au sens, c'est parce que Dieu lui-même, disent-ils, est ce qui agit à titre principal sur l'intellect. Ce qui est vrai, car Dieu meut notre intellect par mode d'efficience, comme il meut la volonté, car c'est lui qui a produit l'âme avec ses puissances et ses aptitudes. Néanmoins, l'intellect se meut formellement, et c'est en ce sens qu'on dit qu'il est agent.

(113) Par ailleurs, il faut aussi savoir que, bien que toutes les puissances soient passives et actives, toutefois, selon un certain mode, plus la puissance est élevée et noble, plus elle est active. Ainsi, l'intellect est plus actif que le

sensus, et voluntas magis quam intellectus. Secundum igitur
hunc modum dicendi, patet quod intellectus agens est aliquid
animae, scilicet potentia quaedam ipsius, per quam anima se
movet ad intelligendum, non quia virtutem conferat fantasmatibus, magis autem ipsa a fantasmatibus excitatur, ut dicetur
infra. Nec est alia potentia ab intellectu possibili, secundum
rem absolutam, sed eadem, differens tamen secundum modum
se habendi, vel secundum aliquam habitudinem, ut patet ex
dictis. Sed quia modus iste pluribus forsitan videtur extraneus
et dubius, ideo, ad ampliorem intelligentiam ipsius, inducendae
sunt quaedam dubitationes circa ipsum, et solvendae.

(114) Primo igitur dubitatur circa hoc, quia secundum
Philosophum, in *III De Anima*[a], intellectus possibilis et agens
sunt duae differentiae in anima, quarum una se habet ad aliam,
sicut ars ad materiam, quia possibilis est omnia fieri, agens
vero est omnia facere. Huiusmodi autem oppositum videtur
dicere positio supra dicta, dum ponit intellectum possibilem et
agentem esse unam et eandem animae potentiam.

(115) Secundo dubitatur, quia secundum Philosophum, in
III De Anima[b], anima est sicut « tabula in qua nihil est actu
scriptum », quia nihil est actu, quantum ad intelligibilia, antequam intelligat. Cuius contrarium asserit dicta positio, dum
ponit in anima, respectu intelligibilium, actualitatem quamdam

a. Aristoteles, *De anima*, III, 5, 430a10-15.
b. *Ibid.*, III, 4, 429b31-430a2.

sens, et la volonté plus que l'intellect. Selon cette position, il est manifeste que l'intellect agent est quelque chose qui appartient à l'âme, c'est-à-dire une puissance de l'âme au moyen de laquelle l'âme se meut à l'intellection, non pas parce qu'elle confère un pouvoir aux images, car c'est plutôt elle qui est excitée par les images, comme on le dira plus loin [1]. Ce n'est pas non plus une puissance réellement distincte de l'intellect possible, mais la même, différant selon son mode d'être ou selon une certaine relation, ainsi que cela ressort de ce qui a été dit. Mais afin de rendre plus intelligible cette solution, que d'aucuns pourraient trouver étrange et douteuse, il convient d'introduire puis de réfuter certains doutes qui s'élèvent à son sujet.

[*Quatrième partie : énoncé et réfutation de cinq doutes*]

(114) Le premier doute vient du fait que selon le Philosophe au livre III du *Traité de l'âme*, l'intellect possible et [l'intellect] agent sont deux différences dans l'âme, dont l'une se rapporte à l'autre comme l'art à la matière, puisqu'il appartient au « possible » de devenir toutes [choses], alors qu'il appartient à l'« agent » de faire toutes [choses]. Or, la position susdite [2] semble dire l'opposé lorsqu'elle pose que l'intellect possible et [l'intellect agent] sont une et même puissance de l'âme.

(115) Deuxième doute : selon le Philosophe au livre III du *Traité de* l'âme, l'âme est comme « une tablette sur laquelle rien n'est écrit en acte », car rien n'est en acte relativement aux intelligibles avant de penser. Or, c'est le contraire qui est affirmé par cette position, en ce qu'elle pose dans l'âme, relativement aux intelligibles, une actualité

1. Cf. *infra*, (128), p. 157.
2. À savoir, celle qui est exposée en (103)-(108), p. 135-139.

incompletam, ipsam scilicet potentiam cum suis aptitudinibus, quae etiam potentiae dicuntur. Et sic videtur incidere ista positio in Platonis dogmata, qui posuit in anima scientiam innatam, et habitus latentes, et quod nostrum discere est reminisci[a]. Quod etiam ab Augustino improbatur, *XII libro De Trinitate*[b].

(116) Tertio dubitatur quia, secundum Philosophum, in *III De Anima*[c], fantasmata sunt animae sicut sensibilia. Quare, sicut sensibilia movent sensus, sic fantasmata movent intellectum. Dicit etiam, quod nihil sine fantasmate intelligit anima[d]. Sed secundum praedictam positionem fantasmata non movent intellectum, sed intellectus movetur ex se, nec etiam videntur per consequens fantasmata esse necessaria ad intelligendum. Similiter etiam, nec sensus videntur esse necessarii. Cuius tamen contrarium experimur, quia, deficiente sensu, deficit et scientia eorum, quae ad illum sensum pertinent, et, ut sit ad unum dicere, videtur haec positio negare scientiam causari a rebus[e]. Quod est omnino contrarium veritati.

(117) Quarto dubitatur, quia haec positio videtur tollere abstractionem, per quam id quod est potentia intelligibile, fit actu intelligibile, cum tamen Philosophus videatur abstractionem huiusmodi attribuere intellectui agenti.

(118) Quinto dubitatur, quia, secundum hanc positionem, videtur quod anima frustra uniatur corpori, quia, si anima non acquirit cognitionem intellectualem a rebus per sensus corporeos, in nullo iuvatur a corpore, sed

a. *Cf.* Plato, *Meno*, 81d.

b. Augustinus, *De trinitate*, XII, XV, cura et studio W.J. Mountain, auxiliante fr. Glorie, Turnholti, Brepols, 1978, p. 377, 1-p. 379, 40.

c. Aristoteles, *De anima*, III, 7, 431a14-15.

d. *Ibid.*, III, 7, 431a16-17.

e. *Cf.* Aristoteles, *Analytica posteriora*, A18, 81a38-40.

incomplète, à savoir cette puissance[1] avec ses aptitudes, qui s'appellent aussi puissances. Et ainsi cette position semble verser dans la théorie de Platon, lequel posait dans l'âme une science innée ainsi que des dispositions latentes et [soutenait] qu'apprendre pour nous est se ressouvenir. Thèse également réfutée par Augustin au livre XII du *De trinitate*.

(116) Le troisième doute vient du fait que selon le Philosophe au livre III du *Traité de l'âme*, les images sont à l'âme ce que les sensibles [sont aux sens]. C'est pourquoi, de même que les sensibles meuvent le sens, de même, les images meuvent l'intellect. Il dit également que l'âme ne pense rien sans les images. Mais selon la position susdite, les images ne meuvent pas l'intellect; c'est plutôt l'intellect qui est mû de soi, de sorte que les images ne paraissent pas nécessaires à l'intellection. Semblablement aussi, les sens non plus ne paraissent pas nécessaires [à la sensation]. Or, l'expérience prouve le contraire. En effet, la défaillance d'un sens entraîne celui de la science portant sur les objets qui en relèvent; en un mot, cette position semble nier que la science soit causée par les choses; ce qui est absolument contraire à la vérité.

(117) Quatrième doute: cette position semble supprimer l'abstraction, par laquelle ce qui est intelligible en puissance devient intelligible en acte, alors que le Philosophe semble attribuer une telle abstraction à l'intellect agent.

(118) Cinquième doute: selon cette position, c'est en vain que l'âme serait unie au corps. En effet, si l'âme n'acquiert pas la connaissance intellectuelle à partir des choses, par l'intermédiaire des sens corporels, alors le corps n'aide en rien, mais

---

1. Cf. *supra*, (96) et (98), p. 129-131 et 131-133.

magis impeditur; sicut posuit Plato, quod anima, ex coniunctione ad corpus, impeditur et oblivionem quamdam patitur[a].
Ex quo ulterius videtur sequi, quod magis anima sit propter
corpus, cum per animam perficiatur, quam corpus propter
animam, cum propter ipsum impediatur. Haec autem sunt
inconvenientia, scilicet quod anima frustra corpori uniatur.
Nam Deus et natura nihil frustra faciunt. Et quod anima sit
propter corpus, quia magis est materia propter formam, quam
econverso.

(119) Sunt autem et alia quae possent facere dubitationem
circa praedictam positionem. Sed, si solvantur quae iam
dubitata sunt, satis poterit haberi via ad alia dissolvenda.

(120) Ad praetactas igitur dubitationes per ordinem
dicendum est aliquid.

(121) Et quia pro magna parte videntur accipi ex verbis
Aristotelis, ideo est considerandum, quod intentio Aristotelis
de intellectu agente, immo et universaliter de parte intellectiva, non est manifesta. Cuius signum est diversitas
expositionum. Nam, inter expositores antiquos et inter
expositores noviores, invenitur controversia in exponendo
Aristotelis verba. Unde et quaelibet supradictarum opinio-
num nititur verba Aristotelis ad suam intentionem confir-
mandam trahere. Cum igitur intentio Aristotelis circa istam
materiam adeo sit occulta, quod ad plenum et praecise
comprehendi non potest quid de hoc ipse senserit, propter
sui sermonis brevitatem et obscuritatem, arguere contra
praedictam positionem ex verbis Aristotelis non est multum

---

a. *Cf.* Plato, *Phaedo*, 65a-67d.

constitue plutôt une entrave. C'est ainsi que Platon considérait que l'âme est entravée – en raison de sa conjonction au corps – et [qu'elle est] victime en quelque sorte d'oubli. D'où il semble s'ensuivre que c'est plus l'âme qui est en vue du corps, puisqu'il est parachevé par l'âme, que ce n'est le corps qui est en vue de l'âme, puisqu'elle est entravée par lui. Mais ces [propositions] sont incongrues, à savoir que l'âme et le corps sont unis en vain – car Dieu et la nature ne font rien en vain – et que l'âme est en vue du corps –, car c'est davantage la matière qui est en vue de la forme, plutôt que le contraire.

(119) D'autres arguments peuvent faire douter de la position susdite, mais si l'on réfute ceux qui ont déjà été soulevés, nous aurons le moyen de réfuter les autres.

(120) Au sujet des doutes qui viennent d'être soulevés, il convient donc de procéder de manière ordonnée.

(121) Parce que la majorité des arguments paraît s'inspirer des propos d'Aristote, il faut prendre garde que la pensée d'Aristote concernant l'intellect agent, et même l'intellect tout court, n'est pas manifeste ; les exposés divergents [auxquels elle a donné lieu] en sont la preuve. En effet, on constate que les commentateurs anciens et les commentateurs plus récents ne s'accordent pas dans leurs exposés des propos d'Aristote. Ainsi, chacune des opinions susdites [1] tente de trouver dans les propos d'Aristote la confirmation de son interprétation. Or, la pensée d'Aristote sur cette question, en raison de la concision de son expression et de son obscurité, est tellement mysté-rieuse qu'on ne saurait la comprendre de façon exhaustive et précise. Dès lors, argumenter contre la position susdite à partir des textes d'Aristote est une méthode qui n'est guère

---

1. C'est-à-dire les opinions exposées *supra*, (76)-(101), p. 113-133.

efficax via. Praesertim cum verba ipsius non incongruc trahi
possent ad hanc positionem, si quis vellet diligenter intendere.
Ad praesens tamen sufficiat ostendere, quod verba Aristotelis
inducta non repugnant praedicto modo ponendi.

(122) Ad illud ergo quod primo inducitur, quod intellectus
agens et possibilis sunt duae differentiae in anima, dicendum
est quod ex hoc non potest efficaciter argui quod sint duae
potentiae. Nam, non omnis differentia in anima facit vel arguit
diversitatem potentiarum. Unde et Aristoteles numquam invenitur loqui de intellectu, nisi tamquam de una potentia. In
hac tamen una potentia possunt accipi plures differentiae.
Eadem enim potentia intellectus dicitur in potentia et in actu,
et dicitur practiva et speculativa, licet diversimode sumpta.
Similiter igitur una et eadem potentia intellectus dicitur agens
et possibilis, sicut dicitur movens et mota, et activa et passiva,
secundum modum supra dictum. Et secundum quod est
possibilis, est omnia teri; secundum vero quod est agens,
est omnia facere. Et secundum quod est agens, habet se sicut
ars; secundum vero quod possibilis, habet se sicut materia,
licet haec similitudo artis et materiae ad intellectum possibilem et agentem non sit accipienda quantum ad omnia. Unde
et secundum Themistium, ut supra dictum est, intellectus

efficace, d'autant qu'on pourrait sans incongruité, si l'on s'y employait avec diligence, tirer les propos d'Aristote à l'appui de cette position. Qu'il suffise donc pour l'instant de montrer que les textes d'Aristote qui ont été allégués ne sont pas incompatibles avec la position susdite.

[*Réfutation du premier doute*]

(122) Concernant le premier argument selon lequel l'intellect agent et l'intellect possible sont deux différences dans l'âme, il faut dire qu'on ne saurait efficacement en tirer argument pour dire qu'elles sont deux puissances. Car toute différence dans l'âme ne constitue pas une diversité de puissances et ne fournit pas un argument en sa faveur. C'est pourquoi Aristote ne parle nulle part de l'intellect autrement que comme une puissance une. Mais au sein de cette puissance une peuvent se trouver plusieurs différences. Car c'est la même puissance de l'intellect, envisagée de façons diverses, qui se dit en puissance et en acte, et qui se dit pratique et spéculative. Semblablement, une même puissance de l'intellect est qualifiée d'agente et de possible, motrice et mue, active et passive, selon le mode susdit[1]. Et selon que [cette puissance] est possible, il lui appartient de devenir toutes [choses]; selon qu'elle est agente, il lui appartient de faire toutes [choses]. Dans la mesure où elle est agente, elle est comme l'art; selon qu'elle est possible, elle est comme la matière, bien que cette analogie de l'art et de la matière à l'intellect possible et [à l'intellect] agent ne soit pas valable dans tous les cas. Ainsi, selon Thémistius, ainsi qu'il a été dit plus haut[2], l'intellect

---

1. C'est-à-dire le mode décrit en (104)-(113), p. 135-145.
2. Cf. *supra*, (84), p. 119-121.

agens non est ars materiae exterioris, sicut aedificativa
respectu lignorum, sed investitur toti potentiae intellectivae,
ac si ars aedificativa esset in lignis[a]. Sic igitur intellectus agens
et possibilis sunt quaedam duae differentiae in anima, non
tamen duae potentiae, sed una duplici modo sumpta.

(123) Ad id quod dicitur secundo, quod anima est sicut
tabula in qua nihil est actu scriptum, dicendum est quod anima
semper est actu intelligens, secundum actum quemdam incompletum, qui dicitur potentia naturalis, vel aptitudo; et potest
etiam dici habitus, non quidem acquisitus, sed naturaliter
inditus. Et quia iste actus est animae connaturalis, ideo non
dicitur anima esse in potentia ad istum actum, sed est in
potentia ad actum completum. Quantum igitur ad hunc actum,
nihil est actu antequam intelligat, sed est sicut tabula in qua
nihil est actu scriptum. Quantum vero ad actum incompletum,
est omnia in actu antequam intelligat. Et per eandem potentiam dicitur anima non esse aliquid in actu, et esse omnia in
actu antequam intelligat, diversimode tamen sumpta.

(124) Ad id autem, quod praedicta positio videtur incidere
in dogmata Platonis, dicendum est quod philosophorum
dogmata, quae non contrariantur veritati, acceptanda sunt. Et
ideo Platonis doctrina, in his quae sanae doctrinae minime
repugnant, respuenda et contemnenda non est; praecipue,
cum inter philosophos tantae fuerit excellentiae Plato, ut a

a. Themistius, *Themistii paraphrasis eorum quae de anima Aristotelis*,
liber sextus, ed. Verbeke, p. 225, 19-p. 226, 23.

agent n'est pas l'art d'une matière extérieure, comme [l'art de] la construction par rapport au bois, mais elle investit toute la puissance intellective, comme si l'art de la construction était dans le bois. C'est ainsi que l'intellect agent et l'intellect possible sont deux différences dans l'âme, non cependant deux puissances, mais une puissance envisagée de deux façons.

[*Réfutation du deuxième doute*]

(123) À ce qui est dit en second lieu, [à savoir] que l'âme est comme une tablette sur laquelle rien n'est écrit en acte, il faut dire que l'âme est toujours en acte de penser selon un certain acte incomplet qu'on appelle puissance naturelle ou aptitude, et qui peut aussi s'appeler disposition, non certes [une disposition] acquise, mais [une disposition] naturellement mise en nous. Parce que cet acte est connaturel à l'âme, on ne dit pas que l'âme est en puissance à l'égard de cet acte, mais qu'elle est en puissance à l'égard de l'acte complet. Relativement à ce dernier, [l'âme] n'est rien en acte avant de penser, elle est plutôt comme une tablette sur laquelle rien n'est écrit. Par contre, relativement à l'acte incomplet, elle est toutes [choses] en acte avant de penser. Et c'est en vertu de la même puissance – envisagée toutefois sous des aspects différents – qu'on dit que l'âme n'est rien en acte et qu'elle est tout en acte avant de penser.

(124) Quant à l'objection selon laquelle la position [en question] semble verser dans les théories de Platon, il faut dire que les théories des philosophes, lorsqu'elles ne contredisent pas la vérité, doivent être acceptées. Ainsi, il ne faut pas répudier ou condamner la doctrine de Platon dans les cas où elle ne répugne en rien à la saine doctrine, d'autant que Platon a tant excellé parmi les philosophes qu'il passait pour

beato Augustino dicatur philosophorum nobilissimus[a]. Dicit
etiam Augustinus, quod eius doctrina maxime appropinquavit
ad fidem christianam, inter omnes doctrinas philosophorum[b].
Propter quod, non immerito, ipse et plures alii doctores sacri
Platonis doctrinam secuti sunt, assumentes quae in ea inve-
nerunt fidei accommoda, commutantes vero in melius, quae in
venerunt fidei adversa.

(125) Posuit autem Plato animas praeexistere corporibus,
et quod, ante unionem ad corpus, habuit anima cognitionem
actualem[c]. Sed, ex unione ad corpus, obliviscitur eorum quae
prius novit in actu. Remanet tamen in ipsa cognitio quaedam
habitualis, quae, dum per doctrinam et per sensibilia excitatur,
in actum reducitur. Et sic nostrum discere est reminisci.

(126) Sed haec opinio non est vera. Non enim anima
praeexistit, antequam corpori uniatur; et per consequens
nullam habet cognitionem. Unde, nostrum discere non est
reminisci. Nihil tamen horum sequitur ad positionen supra-
dictam de intellectu agente. Non enim ponit scientiam
animae innatam, quae sibi infuerit ante corporis unionem;
et per consequens, non ponit quod discere sit reminisci.
Ponit tamen, quod animae, in sui productione, concreantur
quaedam aptitudines naturales ad scientiam, per quas movet
se ad intelligendum in actu. Et hoc modo ponere scientiam
innatam vel habitualem, scilicet secundum idoneitatem et
aptitudinem, quae est actualitas quaedam incompleta, non
est inconveniens. Immo, videtur esse necessarium hoc dicere,

a. Augustinus, *De consensu euangelistarum*, I, cap. 35, F. Weihrich (ed.),
Vindobonae-Lipsiae, Tempsky-G. Freytag, 1904, p. 59, 15; *De civitate dei*, X,
I, ed. Dombart/Kalb, p. 271, 13-14.

b. *Cf.* Augustinus, *De doctrina christiana*, II, XL, ed. Martin, p. 73, 1.

c. *Cf.* Plato, *Phaedo*, 72c.

le plus noble d'entre eux auprès du bienheureux Augustin.
Augustin a aussi dit que, parmi toutes les doctrines des philosophes, celle [de Platon] se rapprochait le plus de la foi chré-
tienne. Ce n'est donc pas sans raison que lui et de nombreux
autres Docteurs de la foi suivirent sa doctrine, retenant ce
qu'ils y trouvaient de conforme à la foi, améliorant ce qu'ils y
trouvaient de contraire à la foi.

(125) Platon professait que les âmes préexistent aux corps
et qu'avant l'union au corps l'âme avait une connaissance
actuelle, mais que, par suite de l'union au corps, l'âme oublia
ce qu'elle avait connu en acte. Une certaine connaissance
habituelle demeure toutefois en elle, [connaissance habituelle]
qui est portée à l'acte lorsqu'elle y est incitée par l'enseignement et les sensibles. Et c'est ainsi qu'apprendre pour nous est
se ressouvenir.

(126) Mais cette opinion est fausse. L'âme ne préexiste pas
à son union au corps, et, par conséquent, elle n'a aucune
connaissance. Il s'ensuit qu'apprendre pour nous n'est pas se
ressouvenir. Mais aucune de ces [conséquences] ne découle de
la thèse susdite [1] [au sujet] de l'intellect agent. Elle ne pose pas
une science innée qui aurait existé dans l'âme avant son union
au corps; par conséquent, elle ne pose pas qu'apprendre soit
se ressouvenir; elle pose cependant qu'avec la création de
l'âme sont concréées des aptitudes naturelles à la science par
lesquelles l'âme se meut à penser en acte. Et en ce sens, poser
une science innée ou habituelle, c'est-à-dire selon l'idonéité et
l'aptitude, laquelle est une certaine actualité incomplète, n'est
pas incongru; au contraire, il paraît nécessaire de dire cela,

---

1. *Cf.* (76)-(101), p. 113-133.

si considerentur illa, quae de potentiis animae dicta sunt, in quaestione de voluntate.

(127) Et sic patet, quod ista positio non incidit in errorem Platonicorum, sed evacuat errorem Stoicorum, et assequitur vere doctrinam antiquorum et catholicorum doctorum.

(128) Ad illud autem quod dicitur tertio, quod fantasmata sunt animae sicut sensibilia, dicendum est quod, licet intellectus moveatur ex se, nihilominus tamen movetur a fantasmatibus, per modum excitationis et inclinationis. Ad hoc autem, quod aliquid moveat aliud hoc modo, requiritur quod id quod movet, sit coniunctum ei quod movetur, et quod sit in actu secundum aliquid, quod habeat convenientiam vel habitudinem aliquam ad id, secundum quod illud, quod movetur, natum est esse in actu. Fantasia autem, cum sit potentia quaedam ipsius animae, naturalem coniunctionem habet cum intellectu, et immediatum ordinem ad ipsum. Cum ergo fantasia sit in actu secundum aliquid, quod habeat convenientiam vel habitudinem aliquam cum eo, ad quod intellectus natus est se movere, tunc intellectus excitatur et inclinatur, ut se moveat ad actualem cognitionem illius. Et eodem modo sensibilia movent sensum, per modum excitationis et inclinationis.

(129) Sensibilia autem immutant organa sensuum; quibus immutatis, propter coniunctionem organi cum potentia, et propter similitudinem ipsius immutationis, quae facta est in organo, cum aptitudine quae est in sensu, sive cum eo ad quod sensus natus est se movere, sensus ipse inclinatur et excitatur ut se moveat ad cognitionem actualem. Et ideo verum est, quod fantasmata sunt animae sicut

compte tenu de ce qui a été dit des puissances de l'âme dans la question traitant de la volonté.

(127) Et ainsi, il est manifeste que cette position ne verse pas dans l'erreur des Platoniciens, mais qu'elle réduit à néant l'erreur des Stoïciens, et poursuit l'enseignement véridique des anciens et des Docteurs catholiques.

[*Réfutation du troisième doute*]

(128) À ce qui est dit en troisième lieu, [à savoir] que les images se rapportent à l'âme comme les sensibles [aux sens], il faut dire que même si l'intellect est mû de soi, néanmoins il est mû par les images par mode d'excitation et d'inclination. Pour qu'une [chose] en meuve une autre de cette manière, il faut que ce qui meut soit conjoint à ce qui est mû, et qu'il soit en acte selon quelque chose qui a une conformité ou une relation avec l'acte vers lequel est apte à se porter la [chose] qui est mue. Or, l'imagination, qui est une certaine puissance de l'âme même, est naturellement conjointe à l'intellect et lui est immédiatement ordonnée. Et comme l'imagination est en acte selon quelque chose qui a une conformité ou un certain rapport avec ce vers quoi l'intellect est apte par nature à se mouvoir, alors l'intellect est incité et incliné à se mouvoir vers la connaissance actuelle de cela. Et c'est de la même façon que les sensibles meuvent le sens par mode d'excitation et d'inclination.

(129) Les sensibles modifient les organes des sens; cela fait, le sens lui-même est incliné et incité à se mouvoir à la connaissance actuelle, en raison de la conjonction de l'organe avec la puissance et en raison de la ressemblance de cette modification qui s'effectue dans l'organe avec l'aptitude qui est dans le sens ou bien avec ce vers quoi le sens est apte à se mouvoir. Ainsi, il est vrai que les images sont à l'âme comme

sensibilia. Sicut enim sensibilia movent sensum, sic fantasmata intellectum, scilicet per modum inclinationis et excitationis.

(130) In hoc tamen est dissimilitudo, quod sensibilia movent ipsam potentiam sensitivam, mediante immutatione organi, quae est alia ab actu sentiendi. Fantasmata vero movent intellectum, non mediante aliqua immutatione, quae sit alia ab actu intelligendi. Et ideo melior esset similitudo, si diceretur, quod sic se habent fantasmata ad intellectum in movendo ipsum, sicut se habent immutationes organorum ad potentias sensitivas. Et de sensibus quidem videtur haec esse intentio beati Augustini, in *VI Musicae*[a]. Similiter autem et in *XII super Genesim ad Litteram*[b], dicit quo modo sensus in se format species. De sensu autem et intellectu expresse dicit idem Boetius in *V De Consolatione*[c], ubi, exclusa opinione Stoicorum, et ostenso quo modo anima se habet active in cognoscendo, tam secundum sensum quam secundum intellectum, adiungitur quod ad hoc quod anima se moveat ad agens sentiendum, indiget excitatione sensibilium, sic dicens : « Praecedit tamen excitans ac vires animi movens vivo in corpore passio. Cum vel lux oculos ferit vel vox auribus instrepit : Tum mentis vigor excitus, quas intus species tenet, ad motus similes vocans, notis applicat exteris, introrsumque reconditis formis miscet imagines ».

(131) Intendit autem Boetius per formas et species intus reconditas, idoneitates et aptitudines naturales,

---

a. Augustinus, *De musica*, VI, cap. 5, PL 32, col. 1167-1171.

b. Augustinus, *De genesi ad litteram libri duodecim*, l. XII, 6, I. Zycha (ed.), Vindobonae, Tempsky, 1893, p. 387, 4-26.

c. Boethius, *Consolatio philosophiae*, 5, IV, ed. Moreschini, p. 152, 30-40.

les sensibles : de même que les sensible meuvent le sens, de même, les images [meuvent] l'intellect, à savoir par mode d'inclination et d'incitation.

(130) La dissemblance réside toutefois en ceci que les sensibles meuvent la puissance sensitive au moyen d'une modification de l'organe qui est autre que l'acte de sentir. En revanche, les images meuvent l'intellect, [mais] non au moyen d'une quelconque modification qui serait autre que l'acte de penser. La ressemblance serait donc plus forte si l'on disait que les images se rapportent à l'intellect dans l'acte de le mouvoir, comme les modifications des organes [se rapportent] aux puissances sensitives. Telle semble être la pensée du bienheureux Augustin à propos des sens au livre VI de la *Musique*. Semblablement, au livre XII du *Commentaire à la Genèse au sens littéral*, il explique comment le sens forme en lui des espèces. Boèce dit expressément la même chose au livre V de la *Consolation* : après avoir écarté l'opinion des Stoïciens et montré de quelle manière l'âme est active dans la connaissance, relativement au sens comme à l'intellect, il ajoute que l'âme nécessite l'excitation des sensibles afin d'être mue à l'acte de sentir. Je cite : « Pourtant, vient d'abord, excitant et mettant en mouvement les forces de l'âme, la passion du corps vivant. Lorsque la lumière frappe les yeux ou que la voix résonne aux oreilles, alors la vigueur de l'esprit est réveillée, et appelant les espèces qu'il contient à des mouvements semblables, il les applique aux notes extérieures et aux formes cachées à l'intérieur il mêle des images ».

(131) Lorsqu'il parle de « formes et d'espèces internes cachées », il veut dire des idonéités et des aptitudes naturelles,

quae sunt actualitates quaedam incompletae. Sensus itaque,
excitatus per immutationes organi corporei, per illas aptitudines movet se ad actus completos, qui habent similitudinem
cum immutationibus organorum, et tunc imagines, idest immutationes organorum, miscentur, idest coniunguntur formis,
idest illis aptitudinibus reductis in actum completum. Ita quod
est ibi simul duplex actualitas, scilicet immutatio, qua orga-
num immutatur ab obiecto, et immutatio, qua sensus movet se,
quae proprie dicitur sensatio. Et immutatio quidem organi est
magis materialis, immutatio vero sensus est magis formalis.
Licet autem sit duplex actualitas et immutatio, tamen propter
coniunctionem sensus et organi, et immutatio organi redundat
in sensum et immutatio sensus communicatur organo. Propter
quod fiunt quasi una immutatio tum ratione coniunctionis, tum
ratione similitudinis. Et hoc intendit Boetius, cum dicit quod
imagines miscentur formis. Ideo etiam possunt dici una sensatio. Unde et communiter ipsa immutatio organi solet dici
sensatio, propter hoc quod sine huiusmodi immutatione non fit
sensatio.

(132) Aristoteles etiam magis loquitur de immutatione
organi, quae magis est manifesta, non distinguens eam ab
immutatione sensus. Similiter etiam Augustinus, qui, in *VI
Musicae*[a], distinguit operationem sensus ab immutatione
organi, in *XII*[b] *libro De Trinitate capitulo 2*[c], impressionem,
quae fit in organo visus a re visibili, visionem nominat, non
distinguens immutationem organi ab operatione sensus quae
est magis occulta.

---

a. Augustinus, *De musica*, VI, cap 5, PL 32, col. 1167-1171.
b. Potius : *XI libro De Trinitate capitulo 2*.
c. Augustinus, *De trinitate*, XI, II, ed. Mountain, p. 334, 10-13.

qui sont de certaines actualités incomplètes. Ainsi le sens, excité par les modifications de l'organe corporel, se meut par ces aptitudes à des actes complets, qui ont une ressemblance avec les modifications organiques. Les images, c'est-à-dire les modifications organiques, se mélangent donc avec les formes, c'est-à-dire se conjuguent avec les formes, autrement dit avec ces aptitudes élevées à un acte complet. Il y a donc là deux actualités en même temps, à savoir la modification par laquelle l'organe est modifié par l'objet, et la modification par laquelle le sens se meut lui-même – ce qu'on appelle à proprement parler la sensation. La modification de l'organe est plus matérielle ; celle du sens est plus formelle. Mais bien qu'il y ait deux actualités et [deux] modifications, cependant, en raison de la conjonction du sens et de l'organe, la modification de l'organe rejaillit sur le sens, et la modification du sens se communique à l'organe. C'est pourquoi elles deviennent comme une modification, tantôt en raison de la conjonction, tantôt en raison de la ressemblance. Et c'est là ce que veut dire Boèce, lorsqu'il dit que les images se mêlent aux formes. De la sorte, on peut aussi dire qu'elles font une sensation. Et si la modification même de l'organe est communément appelée sensation, c'est parce qu'il n'y a pas de sensation sans ce genre de modification.

(132) Aristote aussi parle davantage de la modification de l'organe, laquelle est plus manifeste, sans la distinguer de la modification du sens. Semblablement aussi, Augustin, qui, au livre VI de la *Musique*, distingue l'opération du sens de la modification de l'organe, appelle vision, au livre XI de *La trinité*, chapitre 2, l'impression qui s'opère dans l'organe de la vue sous l'action de la chose visible, ne distinguant pas la modification de l'organe de l'opération du sens, qui est plus cachée.

(133) Si itaque sensibilia, vel ipsae immutationes organorum a sensibilibus, movent sensum solum excitando, sensus autem excitatus movetur ex se, multo magis hoc dicendum est in intellectu, scilicet quod fantasmata movent intellectum solum excitando, intellectus autem excitatus movet se ad actualem cognitionem. Et coniungitur actio vel operatio intellectus cum fantasmate, ita quod simul est immutatio intellectus, quae est intelligere, cum immutatione fantasiae, quae est ipsum fantasma, ut nomine fantasmatis intelligatur non idolum vel imago, quae imprimitur in organo fantasiae, sed ipsa operatio virtutis fantasticae. Ab hoc enim intellectus excitatur immediate. Et inde est quod nihil sine fantasmate intelligit anima, dum est corpori coniuncta, sicut nec sensus aliquid percipit sine immutatione facta in organo.

(134) Et sicut fantasia excitat intellectum, sic et una potentia sensitiva excitat aliam, ad quam habet ordinem naturalem. Ad hanc autem excitationem intellectus a fantasia, non requiritur quod intellectus aliquam virtutem tribuat fantasmatibus, quamvis ignobiliora sint intellectu. Quia non oportet ad hoc, ut aliquid moveat aliud per modum excitationis, quod sit eo nobilius. Sufficit autem quod ad ipsum habeat coniunctionem et ordinem, et quod sit in actu secundum aliquid conveniens, vel aliquam habitudinem habens, ad id secundum quod natum est esse in actu, id quod excitari dicitur. Sic autem se habet fantasia, facta in actu, ad intellectum.

(133) Si donc les sensibles, ou les modifications mêmes des organes sous l'influence des sensibles, ne meuvent le sens qu'en l'excitant, alors que le sens excité est mû de soi, à bien plus forte raison en est-il ainsi dans l'intellect : autrement dit, les images meuvent l'intellect en l'excitant seulement, alors que l'intellect excité se meut à la connaissance actuelle. L'action ou l'opération de l'intellect se conjugue donc avec l'image de telle façon que la modification de l'intellect, c'est-à-dire l'acte de penser, et la modification de l'imagination, qui est l'image même, soient simultanées ; si bien que par le nom d'image il faut comprendre non pas l'apparence ou la représentation qui s'imprime dans l'organe de l'imagination, mais l'opération même de la puissance imaginative par laquelle l'intellect est excité immédiatement. C'est ainsi que l'âme ne pense rien sans image tant qu'elle est conjointe au corps, de même que le sens ne perçoit rien sans qu'une modification se produise dans l'organe.

(134) Comme une image excite l'intellect, de même, une puissance sensitive en excite une autre avec laquelle elle a un rapport naturel. Mais pour [que se produise] cette excitation de l'intellect sous l'action de l'image, il n'est pas requis que l'intellect confère un quelconque pouvoir aux images, quoiqu'elles soient moins nobles que l'intellect. Car il n'est pas requis, pour que quelque chose meuve autre chose par mode d'excitation, que le premier soit plus noble que le second. Il suffit qu'il lui soit conjoint et qu'il ait un rapport avec lui, et qu'il soit en acte relativement à quelque chose ayant une conformité ou ayant un certain rapport avec l'acte vers lequel [le second] est apte à se porter : c'est là ce qu'on appelle être excité. C'est ainsi que l'image, une fois qu'elle a été actualisée, se rapporte à l'intellect.

(135) Sicut igitur sensus movet se ad suam operationem, et tamen excitatur ab immutatione organi, sic intellectus excitatur quidem a fantasmate, tamen ex se ipso movetur ad actum intelligendi, multo magis quam sensus. Ideoque Boetius, post supra dictos versus in quibus ostendit de sensu quo modo excitatus movet se, subdit de intellectu dicens[a]: « Quod si in corporibus sentiendis, quamvis afficiant instrumenta sensuum forinsecus obiectae qualitates, animique agentis vigorem passio corporis antecedat, quae in se actum mentis provocet, excitetque interim quiescentis intrinsecus formas: si in sentiendis, inquam, corporibus animus non passione insignitur, sed ex sua vi subiectam corpori iudicat passionem, quanto magis ea quae cunctis corporum affectionibus absoluta sunt, in discernendo non obiecta extrinsecus sequuntur, sed actum suae mentis expediunt? ». Similiter autem et Simplicius in *Praedicamentis* dicit[b].

(136) Attentione autem dignum est ne forte intelligere et videre non sint pati et informari solum. Sed habent quamdam intrinsecus excitatam operationem, secundum quam fit perceptio, et nihil mirum aestimo, si commixtum aliquid in his accidit.

(137) Nam consequens est, hoc quidem facere solum, hoc vero pati solum, hoc vero simul facere et pati, sicut intelligere et videre. Et Damascenus dicit, in *Tractatu De Duplicibus in Christo*[c], quod fantasticum et sensitivum sunt passibiles operationes, vel passiones operativae. De intelligentia vero,

a. Boethius, *Consolatio philosophiae*, 5, 5, 1, ed. Moreschini, p. 152, 1-10.

b. Simplicius, *In Aristotelis Categorias commentarium*, ed. Kalbfleisch, p. 312, 32-37; *Scolia in praedicamenta Aristotelis*, ed. Pattin, t. 2, p. 429, 42-47.

c. Iohannes Damascenus, *Tractatus de duabus in Christo voluntatibus*, J.-P. Migne (ed.), PG 95, col. 148C.

(135) De même donc que le sens se meut à son opération tout en étant excité par la modification de l'organe, de même, l'intellect, à bien plus forte raison que le sens, tout en étant certes excité par l'image, se meut lui-même à l'acte de penser. C'est pourquoi Boèce, après les vers précédemment cités dans lesquels il montre comment le sens excité se met en mouvement, ajoute à propos de l'intellect : « Si, dans la perception des [choses] corporelles, bien que les qualités affectent de l'extérieur les instruments des sens et que la vigueur de l'esprit soit précédée par l'affection du corps qui provoque l'action de l'esprit sur elle et excite les formes qui reposaient auparavant en lui, si dans la perception des choses corporelles, dis-je, l'esprit n'est pas marqué du signe de l'affection, mais juge par sa propre force l'affection assujettie au corps, combien plus les êtres qui sont dégagés de toutes les affections des corps, loin de suivre ce qui se présente de l'extérieur, libèrent-ils l'acte de leur propre esprit ». Simplicius s'exprime semblablement dans les *Prédicaments* :

(136) « Cela est digne d'attention, car il se peut que penser et voir ne soient pas seulement pâtir et être informé. Car ils ont une opération interne résultant d'une excitation d'après laquelle s'effectue la perception, et je ne juge pas étonnant qu'un certain mélange s'opère en eux ».

(137) « La conséquence en est que cette [chose-ci] est seulement un faire, celle-là est seulement un pâtir, alors que telle [autre] est à la fois un faire et un pâtir, comme penser et voir ». Le Damascène dit dans le *Traité des deux natures* que l'imaginatif et le sensitif sont des opérations qui sont de l'ordre du pâtir ou des passions opératives. Mais de l'intelligence,

quae est actio intellectus, dicit quod est operatio, sicut autem
ipse dicit, *II libro capitulo 23*[a], «Operatio est naturae
motus effectivus. Effectivum autem dicitur quod ex se ipso
movetur». Apparet igitur quod, licet intellectus moveatur
ex se, tamen sensus sunt necessarii ad acquirendam cognitionem intellectualem, quia, dum anima est corpori coniuncta,
nihil intelligit, nisi excitata per sensus et sensibilia, ut iam
dictum est.

(138) Ad id autem quod additur, quod secundum
positionem praedictam scientia nostra non causatur a rebus,
dicendum quod illud principaliter est causa scientiae in nobis,
quod principaliter animam movet ad cognoscendum. Anima
autem movetur principaliter, a Deo quidem efficienter, qui
ipsam producit, a se ipsa vero formaliter; a sensibus vero et a
sensibilibus movetur non principaliter, sed per modum excitationis et inclinationis cuiusdam, ut dictum est. Et ideo, causa
scientiae principaliter in nobis est Deus et ipsa anima. Res
autem sensibiles sunt causa, non principaliter, sed aliquo
modo. Unde et illi, qui ponunt intellectum agentem esse aliam
potentiam ab intellectu possibili, et quod per ipsum abstrahuntur species a fantasmatibus, dicunt quod sensibilis cognitio
non est totalis et perfecta et principalis causa nostrae cognitionis et intellectus, sed est concausa, vel materia causae sive
instrumentum; principalis autem causa est intellectus agens.

a. Iohannes Damascenus, *De fide orthodoxa* (*Burgundionis versio*),
cap. 37 (= Migne II, 23), p. 144, 35-36.

qui est une action de l'intellect, il dit qu'elle est une opération, comme il l'explique lui-même au livre II, chapitre 23 [de *De la foi orthodoxe*] : « L'opération est le mouvement effectif de la nature ; or on appelle effectif ce qui est mû de soi ». Il apparaît donc clairement que, bien que l'intellect soit mû de soi, les sens n'en sont pas moins nécessaires à l'acquisition de la connaissance intellectuelle, car, ainsi qu'on l'a déjà dit, tant que l'âme est conjointe au corps, elle ne pense rien sans excitation par le sens et les sensibles.

(138) Quant à ce qui est ajouté, [à savoir] que selon la position en question notre science n'est pas causée par les choses, il faut dire que ce qui cause en nous la science à titre principal c'est ce qui meut à titre principal l'âme à l'acte de connaître. Or, l'âme est mue à titre principal, d'abord, de manière efficiente, par Dieu qui la produit, mais [aussi] par elle-même à titre formel. Par contre, elle n'est pas mue par les sens ou les sensibles à titre principal, mais bien par mode d'excitation et [par mode] d'une certaine inclination, comme cela a été dit [1]. Ainsi, la cause principale de la science en nous est Dieu et l'âme même. Mais les choses sensibles sont cause, non à titre principal, mais d'une certaine manière. Il s'ensuit que ceux qui posent que l'intellect agent est une puissance autre que l'intellect possible et que c'est lui qui abstrait les espèces des images, [ceux-là] disent que la connaissance sensible n'est pas la cause totale, parfaite et principale de notre connaissance et de l'intellect, mais [qu'elle est une] cause co-agissante, ou bien [qu'elle est] la matière de la cause ou un instrument, alors que la cause principale est l'intellect agent.

---

1. Cf. *supra*, (128), (130), (134) et (136), p. 157-165.

(139) Ex hoc enim provenit error Academicorum, dicentium quod nihil contingit scire, quia, cum ponerent scientiam principaliter causari a rebus sensibilibus, oportebat secundum eos cognitionem transmutari secundum transmutationem rerum. Scientia autem est cognitio intransmutabilis.

(140) Ad hunc autem errorem excludendum, Plato posuit causari scientiam in nobis per participationem idearum[a]. Et si quidem has ideas extra Deum posuit, inconveniens et falsa fuit eius opinio. Si autem eas posuit in divino intellectu, sic veritatem habet quod dixit. Unde et beatus Augustinus in pluribus locis ait, quia omnia cognoscimus in luce primae veritatis et in rationibus aeternis[b]. Prima autem veritas Deus est; rationes vero aeternae sunt ideae rerum in Deo.

(141) In istis igitur dicitur anima cognoscere, quia cognoscit per aptitudines ab his rationibus derivatas, et sibi naturaliter inditas, ac semper in ea manentes, sicut dicuntur videri in sole quae videntur in lumine derivato a sole. Unde ipsa potentia intellectiva cum suis aptitudinibus est lumen quoddam, quod Deus accendit in anima in sui reproductione. Et ad hoc possunt trahi verba Aristotelis, qui dicit quod intellectus agens est «habitus quidam sicut lumen»[c]. Ipsa enim intellectualis potentia est quaedam habitualis notitia, quae semper inest animae, et est lumen in quo cernuntur intelligibilia, quia per huiusmodi potentiam se movet anima ad ipsorum cognitionem actualem.

a. Plato, *Timaeus*, 51d-e.
b. *Cf.* Augustinus, *Soliloquia*, I, cap. 1, PL 32, col. 870.
c. Aristoteles, *De anima*, III, 5, 430a14-15.

(139) C'est de là que vient l'erreur des Académiciens, qui disent qu'on ne peut rien savoir. En effet, comme ils supposaient que la science était causée à titre principal par les choses sensibles, la connaissance devait selon eux être transférée selon un transfert propre aux choses. Or, la science est une connaissance intransférable.

(140) Afin d'écarter cette erreur, Platon supposa que la connaissance était causée par la participation aux Idées. S'il a postulé ces Idées hors de Dieu, son opinion était incongrue et fausse ; mais s'il les a postulées en Dieu, alors ce qu'il a dit avait du vrai. C'est ainsi que le bienheureux Augustin affirme en plusieurs endroits que nous connaissons tout dans la lumière de la première vérité et dans les raisons éternelles. Or, la première vérité est Dieu, et les raisons éternelles sont les Idées des choses en Dieu.

(141) On dit que l'âme connaît en elles, parce qu'elle connaît par l'intermédiaire d'aptitudes innées dérivées de ces raisons, mises naturellement en elle et y demeurant toujours, comme on dit des objets qui sont vus dans la lumière dérivée du soleil qu'ils sont vus dans le soleil. Ainsi, cette puissance intellective avec ses aptitudes est une certaine lumière que Dieu allume dans l'âme lors de sa reproduction. On peut faire un rapprochement ici avec les propos d'Aristote selon lequel « l'intellect agent est une certaine disposition comme la lumière ». En effet, la puissance intellectuelle est une connaissance habituelle inhérant toujours à l'âme ; c'est une lumière dans laquelle sont discernés les intelligibles, car, par cette puissance, l'âme se meut à la connaissance actuelle de ces derniers.

(142) Apparet igitur ex dictis, unde causatur scientia in nobis. Quia principaliter, sicut a movente per modum efficientis, causatur a Deo; et ideo ipse dicitur intellectus agens, in quo, sicut in cognitionis causa et principio, omnia cognoscuntur. Ab anima vero causatur scientia principaliter, in quantum per potentiam, sibi a Deo inditam, se movet formaliter ad cognitionem. Et ideo etiam in ipsa ponitur intellectus agens, tamquam aliud ipsius, licet proprie loquendo non agat per modum efficientis; large tamen accipiendo efficiens, etiam huiusmodi agens efficiens dicitur. Movet etiam anima se ipsam per potentiam intellectivam aliquo modo efficienter, in quantum facta in actu quantum ad aliqua, ut quantum ad principia, facit se in actu quantum ad alia, ut quantum ad conclusiones, sicut etiam supra de voluntate dictum fuit.

(143) Et propter hoc forte aliqui posuerunt intellectum agentem esse habitum principiorum.

(144) Hinc etiam est quod aliquis, ordinate interrogatus de aliquibus scibilibus, quae etiam quando non actu intellexit, vera respondet, in quantum per unum cognitum movet se ad aliud, quod ordinem habet ad primum, excitatus et ammonitus per verba interrogantis vel signa.

(142) Ce qui cause la connaissance en nous apparaît clairement de ces propos. Elle est causée à titre principal par Dieu, comme par le moteur par mode d'efficience; aussi appelle-t-on «intellect agent» ce en quoi tout est connu comme dans sa cause et le principe de sa connaissance. En revanche, c'est l'âme qui cause en nous la science à titre principal, en ce que, par la puissance introduite en elle par Dieu, elle se meut formellement à la connaissance. Ainsi, en elle aussi est posé un intellect agent, en tant que quelque chose d'autre qu'elle, bien qu'à proprement parler il n'agisse pas par mode d'efficience; toutefois, si on prend le mot «efficient» au sens large, un agent de cette sorte peut aussi être appelé efficient. Car c'est d'une certaine façon à titre efficient que l'âme se meut elle-même par la puissance intellective, dans la mesure où, une fois qu'elle a été portée à son acte relativement à certaines [choses], certains principes par exemple, elle se porte à l'acte relativement à d'autres [choses], comme les conclusions, ainsi que cela a été dit plus haut à propos de la volonté[1].

(143) Et c'est pour cela, peut-être, que certains ont posé que l'intellect agent était la possession des principes[2].

(144) Ainsi, si quelqu'un qu'on interroge de façon ordonnée au sujet de certains connaissables répond juste même lorsqu'il ne les connaît pas en acte, c'est parce que, excité et stimulé par les paroles ou les signes de l'interrogateur, il se meut, à partir d'une [chose] connue, à une autre [chose] liée de manière ordonnée à la première.

---

1. Cf. *supra*, q. 7, (57)-(61), p. 101-105.
2. *Cf.* R.-A. Gauthier, «Le cours sur l'*Ethica nova* d'un maître ès arts de Paris (1235-1240)», art. cit., p. 71-141.

(145) A rebus vero causatur scientia in nobis dupliciter. Uno modo, in quantum mediantibus potentiis sensitivis, ipsae res sensibiles excitant intellectum ad hoc ut se moveat. Alio modo, in quantum anima movetur, ut ipsi rebus assimiletur et conformetur in actu. Et sic sunt causa cognitionis per modum termini, et inde sequitur quia anima assimilatur rebus, non autem res animae assimilantur. Unde, eo modo quo finis dicitur movere metaphorice, dicitur etiam id, quod est obiectum nostrae cognitionis, causare ipsam cognitionem; quod intelligendum est de cognitione speculativa. Et hoc modo potest intelligi quod dicit Augustinus, *IX De Trinitate capitulo 12*[a]: «Liquido tenendum quod omnis res, quamcumque cognoscimus, congenerat in nobis notitiam sui. Ab utroque ergo notitia paritur, et a cognoscente et a cognito». Notitia enim actualis est similitudo et cognoscentis et cogniti; et secundum hoc paritur ab utroque. Tamen a cognito paritur solum ex hoc quod est eius similitudo; a cognoscente vero et quia est similitudo eius, in quantum in cognoscente praeexistit notitia habitualis, cuius quaedam similitudo est notitia actualis, et etiam quia cognoscens movet se ad actualem notitiam, secundum illam habitualem quae etiam est similitudo ipsius cogniti, licet incompleta. Deus enim impressit animae et indidit quasdam aptitudines et incompletas similitudines rerum cognoscibilium, per quas movet se ad similitudines completas. Et secundum hoc dicitur moveri a rebus, in quantum se movet ut assimiletur ipsis rebus, vel, ut verius dicamus, ut assimiletur illis

---

a. Augustinus, *De trinitate*, IX, XII, ed. Mountain, p. 309, 29-33.

(145) Quant aux choses, c'est de deux façons qu'elles causent la science en nous. D'abord en ce que, au moyen des puissances sensibles, les choses sensibles mêmes incitent l'intellect à se mouvoir. Ensuite, en ce qu'elles meuvent l'âme de sorte qu'elle s'assimile et se conforme en acte aux choses mêmes. Elles sont donc cause de la connaissance par mode de terme, d'où il suit que c'est l'âme qui s'assimile aux choses, et non les choses qui s'assimilent à l'âme. Ainsi, de même qu'on dit que la fin meut en un sens métaphorique, de même, on dit aussi que ce qui est l'objet de notre connaissance cause la connaissance, du moins pour ce qui est de la connaissance spéculative. C'est en ce sens que l'on peut comprendre ce que dit Augustin au livre IX de *La trinité*, chapitre 12 : « Il faut tenir avec certitude que toute chose que nous connaissons, quelle qu'elle soit, co-engendre en nous la connaissance que nous en avons. La connaissance provient donc des deux, de la [chose] connue et de celui qui connaît ». La connaissance actuelle est une ressemblance du connaissant et du connu, et c'est en cela qu'elle naît de chacun. Cependant, elle naît du connu seulement en ce sens qu'elle en est la ressemblance, alors qu'[elle naît] du connaissant à la fois parce qu'elle en est la ressemblance – dans la mesure où une connaissance habituelle préexiste dans le connaissant dont la connaissance actuelle est une certaine ressemblance – et parce que le connaissant se meut à la connaissance actuelle d'après cette [connaissance] habituelle, qui est aussi une ressemblance, quoique incomplète, du connu. Dieu a imprimé et mis dans l'âme certaines aptitudes et ressemblances incomplètes des choses connaissables au moyen desquelles elle se meut à des ressemblances complètes. Et c'est en ce sens qu'on dit que [l'âme] est mue par les choses : dans la mesure où elle se meut de façon à s'assimiler aux choses, mieux : en vue de s'assimiler aux

aeternis rationibus, a quibus et res ipsae derivatae sunt, et aptitudines animae impressae et inditae.

(146) Dicitur etiam causari scientia a doctore, in quantum per signa sensibilia admovetur et excitatur aliquis ad considerandum aliquid, cuius habitualis notitia praeexistit in ipso; quae est naturalis quaedam idoneitas. Unde dicit Boetius, *III De Consolatione*[a]: «Haeret profecto semen introrsum veri, quod excitatur ventilante doctrina».

(147) Ad illud vero quod dicitur quarto, quod per hanc positionem tollitur abstractio intellectus, dicendum quod haec positio abstractionem non tollit absolute, sed negat abstractionem, quae dicitur fieri ab aliquibus per depurationem fantasmatum. Non enim dicitur intellectus abstrahere a fantasmatibus, ea depurando vel illustrando, sed quia, ab ipsis fantasmatibus excitatus, puriori modo cognoscit quam fantasia. Unde, licet fantasia cognoscat particulariter, intellectus tamen cognoscit universaliter, et, licet fantasia per se sit cognoscitiva accidentium, intellectus tamen ad ipsam substantiam attingit. Haec autem abstractio intellectus ex ipsa potentia intellectuali procedit, quae, secundum aptitudines inditas, primo habet ordinem ad intelligendum universalia, et per ipsa ad particularia, et prius ad intelligendum substantias quam accidentia.

(148) Ad id autem quod additur, quia non potest salvari, secundum hanc positionem, quomodo illud quod est potentia intelligibile, fiat actu intelligibile per intellectum agentem,

raisons éternelles d'où sont dérivées les choses mêmes et d'où les aptitudes sont imprimées et mises dans l'âme.

(146) On dit aussi que la science est causée par le maître dans la mesure où quelqu'un est incité à porter attention à quelque chose dont la connaissance habituelle, qui est une certaine idonéité naturelle, préexiste en lui. C'est ainsi que Boèce écrit au livre III de la *Consolation* : « Reste fixée assurément, à l'intérieur, la semence du vrai, que réveille le vent de l'enseignement ».

[*Réfutation du quatrième doute*]

(147) Quant à la quatrième objection selon laquelle cette position supprime l'abstraction de l'intellect, il faut dire que cette position ne la supprime pas absolument, mais qu'elle nie l'abstraction qui, selon certains, résulte[rait] de la purification des images. Or, on ne dit pas que l'intellect abstrait à partir des images parce qu'il les purifie ou les éclaire, mais parce que, excité par les images, il connaît sous un mode plus pur que l'imagination. Ainsi, si l'imagination connaît sous un mode particulier, l'intellect, lui, connaît sous un mode universel, et bien que l'imagination par soi soit capable de connaître les accidents, l'intellect, pour sa part, parvient à la substance même. Cette abstraction de l'intellect procède de la puissance intellectuelle elle-même qui, en vertu des aptitudes qui ont été mises [en elle], est d'abord ordonnée à l'intellection des universaux, et, par l'intermédiaire de ceux-ci, aux particuliers, [comme elle est] d'abord [ordonnée] à l'intellection des substances avant celle des accidents.

(148) Quant à l'argument qu'on ajoute selon lequel on ne saurait expliquer à l'aide de cette position comment ce qui est intelligible en puissance peut devenir intelligible en acte,

dicendum quod hoc potest convenienter salvari. Sic enim dicitur aliquid fieri actu intelligibile, quod erat intelligibile in potentia, sicut dicitur aliquis fieri similis in actu, cum prius esset similis in potentia, facta mutatione non in ipso, sed in alio. Unde, cum anima movet se ad actualem cognitionem, excitata a fantasmatibus, id quod erat potentia intelligibile, fit actu intelligibile, non quia intellectus agens aliquam virtutem tribuat ei quod est potentia intelligibile, sed quia facit se ipsum de potentia in actum intelligendi. Unde, sicut denominatur aliquid intelligibile ab intellectu, sic dicitur potentia vel actu intelligibile per potentiam vel actum ipsius intellectus. Et hoc modo illud, quod facit intellectum de potentia intelligente actu intelligentem, dicitur per hoc facere illud, quod est potentia intelligibile, actu intelligibile.

(149) Ideoque et Aristoteles non ponit intellectum agentem agere in fantasmata, sed in intellectum possibilem, ad quem se habet sicut ars ad materiam, licet sine fantasmatibus non agat. Exemplum autem quod inducit de lumine respectu colorum, si recte intelligatur, confirmat quod dictum est. Lumen enim facit potentia colores, actu colores, sicut dicit Joannes Grammaticus, non quia exhibeat existentiam coloribus, sed solum videri[a]. In tenebris enim sunt potentia visibiles, sed per lumen fiunt actu visibiles, non quia per lumen aliqua virtus tribuatur coloribus, sed magis ei quod est susceptivum speciei coloris. Similiter intellectus agens facit res actu intelligibiles,

a. Ioannes Philoponus, *Commentum super capitulum de intellectu* ..., cap. V, ed. Verbeke, p. 57, 52-53.

il faut dire qu'on peut expliquer ce fait convenablement. Car de même qu'on dit que quelque chose qui était intelligible en puissance devient intelligible en acte, de même, on dit que quelqu'un devient ressemblant en acte qui était auparavant ressemblant en puissance, une fois une modification effectuée, non en lui mais en l'autre. Ainsi, lorsque l'âme, excitée par les images, se meut à la connaissance actuelle, ce qui était intelligible en puissance devient intelligible en acte, non pas parce que l'intellect agent confère un pouvoir à ce qui est intelligible en puissance, mais parce que [ce qui était en puissance] s'élève de la puissance à l'acte de penser. Ainsi, de même qu'« intelligible » vient d'« intellect », de même on dit que quelque chose est intelligible en puissance ou en acte à cause de la puissance ou de l'acte de l'intellect même. Et c'est ainsi qu'on dit que ce qui fait de l'intellect en puissance de penser quelque chose qui pense en acte, [cela] rend intelligible en acte ce qui est intelligible en puissance.

(149) C'est pourquoi Aristote ne pose pas que l'intellect agent agit sur les images, mais bien sur l'intellect possible auquel il se rapporte comme l'art à la matière, bien qu'il n'opère pas sans images. C'est ce que confirme son exemple de la lumière par rapport aux couleurs, à condition de le comprendre correctement. En effet, la lumière fait que les couleurs en puissance deviennent couleurs en acte, comme le dit Jean le Grammairien, non pas en donnant l'existence aux couleurs, mais seulement à l'être vu. Dans les ténèbres elles sont visibles en puissance mais deviennent visibles en acte grâce à la lumière, non pas parce que celle-ci confère un pouvoir aux couleurs, mais [il le confère] plutôt à ce qui reçoit l'espèce de la couleur. Semblablement, si l'intellect agent fait que les choses soient intelligibles en acte,

non quia virtutem tribuat rebus, sed quia per ipsum anima se
movet ad actualem rerum cognitionem.

(150) Ad illud vero quod inducitur quinto, quod secundum
positionem hanc frustra unitur anima corpori, dicendum est
quod frustra est, quod ordinatum est ad aliquem finem et illum
non assequitur. Finis aurem ultimus et principalis, et quasi
extrinsecus unionis animae rationalis ad corpus, est divina
bonitas. Propter quam communicandam et repraesentandam
Deus ipse instituit gradus diversos in entibus creatis, ut esset
aliqua creatura spiritualis, aliqua corporalis, aliqua vero ex
utraque composita, quasi medium et vinculum utriusque. Finis
autem propinquus, et quasi intrinsecus, est perfectio corporis
et animae. Ex hac enim unione perficitur et corpus et anima,
sed tamen differenter. Corpus enim ex hac unione perficitur,
quia per animam sortitur et esse et vivere et moveri. Unde dicit
Philosophus, in *II De Anima*[a], quod anima est causa et principium corporis tripliciter, scilicet sicut forma et sicut motor
et sicut finis. Anima vero perficitur ex hac unione, non quia
corpus sit ei causa essendi aut operandi. Nam et aliae formae,
quae non sunt subsistentes, non sic perficiuntur per suam
materiam in esse aut in operari, licet non sint nec operentur,
nisi in materia cum qua fiunt unum secundum essentiam,
et quae etiam aliquo modo cooperatur. Nam quo sanamur
est duplex. Sanamur enim sanitate et corpore, sicut dicitur in *II*

---

a. Aristoteles, *De anima*, II, 4, 415b9-12.

ce n'est pas parce qu'il confère un pouvoir aux choses, mais parce que par lui l'âme se meut à la connaissance actuelle des choses.

[*Réfutation du cinquième doute*]

(150) Quant à ce qui est dit en cinquième lieu, [à savoir] que d'après cette position c'est en vain que l'âme est unie au corps, il faut dire que ce qui est vain c'est ce qui est ordonné à une certaine fin et ne l'atteint pas. La fin ultime et principale et [qui est] pour ainsi dire externe à l'union de l'âme et du corps est la divine bonté. Afin de la communiquer et de la représenter, Dieu a institué des degrés divers chez les étants créés, afin qu'il y ait une créature spirituelle, une créature corporelle et une [créature] composée des deux [i.e. d'esprit et de corps], [qui est] comme le milieu et le lien entre les deux [autres]. La fin prochaine et pour ainsi dire intrinsèque est la perfection du corps et de l'âme. Cette union parachève le corps et l'âme, mais de manières différentes. Le corps est parachevé par cette union, parce que c'est par l'âme qu'adviennent en lui l'être, le vivre et l'être mû. C'est pourquoi le Philosophe dit, au livre II du *Traité de l'âme*, que l'âme est la cause et le principe du corps de trois manières, à savoir en tant que forme, en tant que moteur et en tant que fin. Mais si l'âme est parachevée par cette union, ce n'est pas parce que le corps serait pour elle une cause d'être ou d'opération. Car les autres formes qui ne sont pas [des formes] subsistantes, ne sont pas parachevées par leur matière dans [l'ordre de] l'être ou de l'opérer, même si elles ne pourraient ni être ni opérer sans la matière avec laquelle elles forment une unité selon l'essence et qui, d'une certaine façon, aussi coopère avec elles. Ainsi, nous sommes guéris par deux [choses] : par la santé et par le corps, comme il est dit au livre II

De Anima[a]. Unde et esse et operari est totius compositi utriusque. Tamen forma est principaliter causa et ratio; multo magis igitur anima, quae est forma per se subsistere potens. Et per consequens operari non perficitur ex unione ad corpus, quasi corpus sit ei causa essendi et operandi, licet, quamdiu est coniuncta corpori, et esse et operari non habeat sine communicatione corporis.

(151) Sed dicitur perfici anima ex unione ad corpus, in quantum corpus administrando assequitur divinam similitudinem, scilicet dignitatem causalitatis, eo modo quo movens et agens dicitur perfici, ex hoc quod movet et agit ad perfectionem alterius. Anima igitur perfectionem suae operationis non acquirit principaliter per corpus et per sensus corporeos, sed a Deo efficienter et a se ipsa formaliter. Nec tamen frustra corpori unitur, quia non ad hoc principaliter unitur corpori, ut per ipsum suam perfectionem acquirat, sed magis ut corpus perficiat. Ex hoc tamen ipso, quod perficit corpus ut forma, ipsum corpus cooperatur ad animae perfectionem aliquo modo. Nec tamen sequitur, si anima unitur corpori, ut ipsum perficiat, non ut per ipsum perficiatur principaliter, quod anima sit propter corpus. Non enim finis animae est perfectio corporis, sed assimilatio ad id quod est et anima et corpore melius. Hoc autem est Deus.

(152) Si autem dicatur quod inconveniens fuerit, animam uniri corpori corruptibili ad ipsum ministrandum, cum tale corpus animam deprimat et aggravet in operando, quae liberior esset ab ipso separata, dicendum est quod istud inconveniens illis imminet, qui ponunt animas post

a. Aristoteles, *De anima*, II, 3, 414a7-8.

du *Traité de l'âme*. Être et opérer sont donc le fait du composé en entier. Cependant, la forme est cause et raison à titre principal ; à bien plus forte raison [cela est-il vrai de] l'âme, qui est une forme pouvant subsister par soi. Par conséquent, l'opérer n'est pas parachevé par l'union au corps, comme si le corps était pour lui cause d'être et d'opération, même si, aussi longtemps qu'il est conjoint au corps, il n'a ni l'être ni l'opérer sans la communication avec le corps.

(151) Mais on dit que l'âme est parachevée par l'union au corps dans la mesure où, en régissant le corps, elle atteint à la ressemblance de Dieu, c'est-à-dire à la dignité d'une cause, de la même manière qu'on dit qu'un moteur et agent est parachevé par le fait de mouvoir et d'agir en vue de la perfection d'un autre. Par conséquent, l'âme n'acquiert pas la perfection de son opération à titre principal par l'intermédiaire du corps et par les sens corporels, mais de Dieu à titre efficient et de soi-même à titre formel. Et pourtant ce n'est pas en vain qu'elle est unie au corps, car ce n'est pas principalement en vue d'acqué-rir sa perfection qu'elle est unie à lui. Mais le corps coopère à la perfection de l'âme d'une certaine manière, dans la mesure où c'est le corps que l'âme parachève en tant qu'[elle est] sa forme. Pourtant, il ne s'ensuit pas, si l'âme est unie au corps en vue de le parachever et non pas pour qu'elle soit parachevée par lui à titre principal, que l'âme soit en vue du corps. Car la fin de l'âme n'est pas la perfection du corps, mais une assimilation à ce qui est meilleur que l'âme et le corps ; or, cela est Dieu.

(152) Mais si on dit qu'il ne convient pas que l'âme soit unie au corps corruptible afin de le servir, puisqu'un tel corps abaisse et accable l'âme dans son opération, alors qu'elle serait plus libre si elle était séparée de lui, il faut dire que ce problème n'inquiète que ceux qui posent que les âmes, après la

separationem a corpore corruptibili perpetuo sine corpore
remanere, vel illis, qui ponunt animas per quasdam circula-
tiones et revolutiones ad huiusmodi corpora incessanter iterato
redire. Quorum utrumque veritati repugnat.

(153) Catholice autem sentientibus inconveniens nullum
imminet. Haec enim unio fit ex intentione Dei agentis, qui
sic ordinavit et instituit, ut anima uniatur, ad tempus, corpori
corruptibili secundum naturam; in quo, si naturalem rectitudinem servet, cum auxilio gratiae suae, quod ei paravit, idem
corpus in meliorem conditionem sit immutandum quandoque,
ut, sine ullo gravamine et impedimento animae, adminis-
tretur ab ipsa perpetuo. Non est autem inconveniens hoc fine
animam uniri corpori corruptibili, quamvis ex ipso aggravetur.
Quare autem Deus non a principio tale corpus animae aptavit,
quod sine ullo impedimento posset administrari ab ipsa perpetuo, non alia ratio est nisi, quia sic voluit ad manifestationem
suae bonitatis.

(154) Si autem aliquis dicere velit, quod tale corpus fuit
datum animae ante peccatum primi hominis, cum esset
immortale, dicendum est quod, sicut communiter ponitur,
corpus hominis ante peccatum immortale fuit, non per
naturam, sed per donum quoddam naturae superadditum.
Alioquin immortalitas illa per peccatum non fuisset sublata.
Et praeterea, licet esset illud corpus immortale, erat tamen
animale. Et ideo, si rectitudinem homo servasset, tempore
divinitus praefinito, immutandum erat in meliorem statum,
in quo anima fuisset adhuc in operando liberior, tamquam
magis perfectum et plenum dominium corporis habens.
Talem autem immutationem corporis futuram speramus in

séparation du corps corruptible, demeurent perpétuellement sans corps, ou ceux qui posent que les âmes, après des cycles et des retours, reviennent sans cesse à de tels corps, deux thèses qui sont contraires à la vérité.

(153) Il n'y a là nulle menace pour les catholiques, car cette union découle de l'intention du Dieu agent qui a ainsi ordonné et institué que l'âme, pour un temps, soit unie par nature au corps corruptible, de telle façon que, s'il observe la rectitude naturelle, [alors], avec le secours de la grâce que Dieu lui a donnée, ce même corps sera un jour élevé à une meilleure condition afin d'être administré par l'âme de manière perpétuelle, sans être pour elle une incommodité ou une entrave. Ce n'est pas un problème pour cette fin que l'âme soit unie au corps corruptible, même si elle est accablée par lui. Si Dieu n'a pas voulu, dès le principe, que le corps soit adapté à l'âme de telle façon qu'il soit régi [par elle] perpétuellement sans constituer un quelconque obstacle, c'est qu'il a voulu cela pour manifester sa bonté.

(154) Si quelqu'un voulait soutenir qu'un tel corps a été donné à l'âme avant le péché du premier homme alors qu'il était immortel, il faut dire, comme on le suppose communément, que le corps de l'homme était immortel avant le péché, non par nature, mais en vertu d'un certain don surajouté à la nature. Autrement, cette immortalité n'aurait pas été supprimée par le péché. Qui plus est, bien que ce corps fût immortel, il était cependant animal, de sorte que, si l'homme avait observé la rectitude au moment prédéterminé par Dieu, [le corps] aurait été élevé à un état meilleur dans lequel l'âme aurait été encore plus libre dans son opération en tant que plus parfaite et ayant sur le corps une plus entière domination. Or, une telle modification du corps est ce que nous espérons dans

resurrectione generali, non quantum ad omnes, sed solum quantum ad electos, qui ipsam in corpore corruptibili, ex dono gratiae, meruerunt.

(155) Apparet igitur ex dictis, quid dicendum sit de intellectu agente. Et est sciendum quod, secundum modum ultimo modo tactum, intellectus agens ex eadem ratione ponitur in angelis, sicut et in anima; et in anima separata, sicut in coniuncta. Videtur enim rationabiliter esse dicendum, quod anima, a principio suae productionis, acceperit a Deo quicquid ei convenit naturaliter, secundum quemcumque statum. Ita quod, cum est a corpore separata, nihil sibi de novo imprimitur, per quod se moveat ad intelligendum, sed movet se per potentiam intellectivam et aptitudines, a principio suae productionis ei naturaliter inditas. Tamen, per illas movet se liberius cum est separata, quam cum est corpori corruptibili, a quo deprimitur, coniuncta, quia sine aliqua excitatione facta a rebus per sensus, sed per solam conversionem voluntatis vel intentionis, sicut communiter ponitur etiam de angelis.

(156) Unde, et si quis aggravationem et depressionem animae a corpore corruptibili velit, per quamdam similitudinem, oblivionem vocare, potest verificari quod anima, ex unione ad corpus corruptibile, oblivionem patitur, in quantum non ita se movet prompte et perfecte, sicut si non esset tali corpori unita. Et similiter consideratio actualis, ad quam discendo pervenit, ex quadam similitudine reminiscentia dicitur. Quia, sicut in reminiscendo accidit difficultas quaedam et requiritur discursus quidam ordinatus, sic et in discendo. Et forte secundum hanc similitudinem, vel aliquam aliam quae assignari posset, assumit

la résurrection générale, non pour tous, mais pour les élus qui l'auront méritée dans le corps corruptible par le don de grâce.

(155) De ce qui précède apparaît clairement ce qu'il faut dire au sujet de l'intellect agent. Et il faut savoir que, selon la dernière position qui a été envisagée[1], c'est pour la même raison que l'on postule un intellect agent chez les anges et dans l'âme, séparée ou conjointe [au corps]. Car il semble raisonnable de dire que l'âme a reçu dès le principe de sa production tout ce qui lui convient naturellement selon quelque état que ce soit. Quand elle est séparée du corps, rien n'est à nouveau imprimé en elle par quoi elle se porterait à l'intellection, mais elle se meut à l'aide de la puissance intellective et des aptitudes mises naturellement [en elle] dès le principe de sa production. Pourtant, elle se meut plus librement lorsqu'elle est séparée que lorsqu'elle est conjointe au corps corruptible qui l'abaisse, parce qu'[elle se meut] sans une quelconque excitation produite par les choses par l'intermédiaire des sens, mais [elle se meut] par la seule conversion de la volonté et de l'intention, comme on le suppose généralement à propos des anges.

(156) Ainsi, si quelqu'un voulait, en vertu d'une certaine ressemblance, appeler « oubli » l'accablement et l'abaissement de l'âme du fait du corps, on pourrait vérifier que l'âme, du fait de l'union à un corps corruptible, est victime d'oubli dans la mesure où elle ne se meut pas aussi promptement et aussi parfaitement que si elle n'était pas unie à un tel corps. Semblablement, c'est en vertu d'une certaine ressemblance qu'on appelle se ressouvenir l'attention actuelle à laquelle [l'âme] aboutit en apprenant. Et peut-être est-ce en raison de cette ressemblance ou d'une autre qui pourrait être trouvée que

1. En (151), p. 181.

Boetius frequenter, in libro *De Consolatione*, illud quod a Platone dicitur de oblivione et reminiscentia in anima.

(157) Quaecumque autem dicta sunt, ad declarationem ultimi modi loquendi de intellectu agente, sine praeiudicio cuiuscumque opinionis, accipiantur non tam determinando quam probabiliter inquirendo dicta. Praecipue cum sit res occulta et ardua, circa quam etiam magna ingenia vacillasse inveniuntur.

(158) Ad illud ergo quod obicitur in contrarium, quod intellectus non est aliquid animae, quia secundum Philosophum, in *III De Anima*[a], est « substantia actu ens », dicendum est quod, sicut supra dictum est, non ad plenum patet quid Aristoteles de intellectu agente opinatus fuerit. Nam praecipui expositores ipsius, scilicet Alexander et Averroes[b], dixerunt fuisse de intentione eius quod intellectus agens sit aliqua substantia immaterialis, alia ab anima quae est humani corporis forma.

(159) Alii vero dicunt, quod intentio Aristotelis fuit, quod sit potentia quaedam animae. Et ideo ex verbis Aristotelis non potest multum efficaciter argui in hac materia.

(160) Sustinendo tamen modum ultimo tactum supra de intellectu agente, potest dici, quantum ad auctoritatem Philosophi praeinductam, quod intellectus agens dicitur « substantia actu ens », quia est ipsa essentia

a. Aristoteles, *De anima*, II, 3, 414a7-8.

b. Alexander Aphrodisius, *De anima*, ed. Bruns, p. 90, 23-91, 6. Averroes, *Commentarium magnum in Aristotelis De anima libros*, ed. Crawford, p. 439, 73-74.

Boèce reprend souvent à son compte, dans le livre *De la consolation*, les propos de Platon relatifs à l'oubli et au ressouvenir dans l'âme.

(157) Tout ce qui a été dit en guise d'explication de la dernière façon de parler de l'intellect agent doit être compris, sans préjudice d'une meilleure opinion, non tant comme une détermination que comme une hypothèse; d'autant que la question est obscure et ardue et a fait chanceler même de grands esprits.

(158) À ce qui est objecté en sens contraire, [à savoir] que l'intellect n'est pas quelque chose qui appartienne à l'âme parce que, selon le Philosophe au livre III du *Traité de l'âme*, [l'intellect] est « une substance en acte », il faut dire, ainsi que cela a été affirmé plus haut[1], que la pensée d'Aristote au sujet de l'intellect agent n'est pas entièrement claire. En effet, selon ses plus éminents commentateurs, à savoir Alexandre et Averroès, son intention était [d'affirmer] que l'intellect agent était une substance immatérielle autre que l'âme, qui est la forme du corps humain.

(159) D'autres, en revanche, pensaient que le propos d'Aristote était d'affirmer que [l'intellect agent] est une puissance de l'âme. Aucun argument concluant ne peut donc s'appuyer sur les propos d'Aristote relatifs à cette question.

(160) Toutefois, en s'appuyant sur la dernière façon de parler de l'intellect agent[2], on peut dire, en ce qui concerne l'autorité du Philosophe déjà citée[3], que l'intellect agent est appelé « substance en acte », parce qu'il est l'essence même de

1. Cf. *supra*, (121), p. 149-151.
2. En (155), p. 185.
3. Cf. *supra*, (158), p. 187.

animae, ut perfecta per potentiam intellectivam, quae intellectus agens dicitur. Et est quaedam actualitas animae naturaliter indita, quamvis perfectibilis per actum completiorem. Magis enim proprie dicitur agens, ipsa animae substantia perfecta per huiusmodi potentiam, quam ipsa potentia.

l'âme, en tant qu'elle est parachevée par la puissance intellective qu'on appelle intellect agent. C'est une certaine actualité mise naturellement dans l'âme, quoique perfectible par un acte plus complet. C'est donc à plus juste titre qu'on appelle agent la substance même de l'âme parachevée par une telle puissance que la puissance même.

QUODLIBETUM I

QUAESTIO XIII

(161) Tertiodecimo quaeritur: Utrum anima hic in via intelligat substantiam per propriam speciem ipsius substantiae. Et videtur quod non. Nam, in Sacramento Altaris per accidentia panis ducimur in cognitionem substantiae panis. Sed non potest dici quod per speciem substantiae, quia ibi non est substantia panis. Ergo solum per speciem accidentis. Et similiter videtur esse dicendum in cognitione cuiuscumque substantiae. Igitur, anima non intelligit substantiam per speciem propriam ipsius substantiae, sed per speciem accidentis.

(162) Praeterea, illud quod cognoscitur per speciem propriam cognoscitur cognitione intuitiva. Sed substantia non cognoscitur ab intellectu nostro, in statu viae, cognitione intuitiva sed inquisitiva, sicut in nobis experimur. Igitur, anima non cognoscit substantiam per speciem propriam ipsius substantiae.

QUODLIBET I

QUESTION 13 : [L'ÂME DANS CETTE VIE PENSE-T-ELLE LA SUBSTANCE GRÂCE À UNE ESPÈCE PROPRE À CETTE SUBSTANCE ?]

(161) Treizième question. On demande si l'âme dans cette vie pense la substance par une espèce propre à cette substance. Il semble que non. En effet, dans le sacrement de l'autel c'est par les accidents du pain que nous sommes conduits à la substance du pain. Mais on ne peut pas dire que ce soit par l'espèce de la substance, car il n'y a pas là de substance du pain ; c'est donc seulement par l'espèce de l'accident. Il semble qu'il faille dire de même à propos de la connaissance de toute substance. Donc, l'âme ne pense pas la substance par l'espèce propre à cette substance, mais par l'espèce de l'accident.

(162) Ensuite, ce qui est connu par une espèce propre est connu par une connaissance intuitive. Mais dans l'état de voie notre intellect ne connaît pas la substance par une connaissance intuitive, mais bien [par une connaissance] chercheuse, ainsi que l'atteste notre expérience. L'âme ne connaît donc pas la substance par une espèce propre à cette substance.

(163) In contrarium arguitur sic. Oportet cognitum esse praesens cognoscenti, vel per se ipsum vel per propriam speciem. Sed substantia non est praesens animae per se ipsam. Igitur est praesens per suam speciem; et sic per propriam speciem cognoscitur.

(164) Ad evidentiam huius quaestionis tria considerare oportet:

Primo, quid nomine speciei debeat intelligi.

Secundo, quomodo in intellectu ponendae sunt species.

Tertio, quomodo intellectus intelligit substantiam per speciem propriam vel alienam.

(165) Quantum igitur ad primum, sciendum est quod species, secundum proprietatem nominis, idem est quod forma. Dicitur autem aliquis actus esse forma, specialiter secundum quod refertur vel comparatur ad intellectum, scilicet ut est quid intelligibile; secundum autem quod perficit materiam dicitur magis endelichia, secundum Aristotelem, licet secundum communem usum dicatur etiam forma[a]. Et quia id, quod est obiectum intellectus, est quod quid est, ideo forma vel species dicitur quod quid est. Unde Philosophus, in *V Metaphysicae*[b], ubi distinguit genera causarum, loquens de forma, dicit : « Alio vero modo dicitur causa species et exemplar. Haec autem est ratio ipsius quod quid erat esse ». Et in *VII Metaphysicae*[c]

a. Aristoteles, *Metaphysica*, IX, 8, 1050a15-23.

b. *Ibid.*, V, 2, 1013a26-27.

c. *Ibid.*, VII, 7, 1032a32–b1.

(163) En sens contraire, on argumente ainsi : il faut que le connu soit présent chez celui qui connaît, soit par lui-même, soit par son espèce propre. Mais la substance n'est pas présente à l'âme par elle-même. Elle est donc présente par l'intermédiaire de son espèce, et, par conséquent, elle est connue par son espèce propre.

(164) Pour élucider cette question, il convient de considérer trois points :

Premièrement, ce qu'il faut comprendre par le nom d'espèce.

Deuxièmement, de quelle façon il convient de poser des espèces dans l'intellect.

Troisièmement, de quelle façon l'intellect pense la substance par son espèce propre ou [par une espèce qui lui est] étrangère.

[Première partie : ce qu'il faut comprendre par le nom d'espèce]

(165) Concernant le premier point, il faut savoir que l'espèce, par définition, est la même [chose] que la forme. Un acte est appelé forme surtout dans la mesure où il renvoie ou se rapporte à l'intellect, c'est-à-dire dans la mesure où il est quelque chose d'intelligible. Mais dans la mesure où il parachève la matière, il se dit plutôt entéléchie d'après Aristote, même s'il est aussi communément appelé forme. Et parce que la quiddité est l'objet de l'intellect, on appelle la forme ou l'espèce « quiddité ». C'est pourquoi le Philosophe, lorsqu'il distingue les différents genres de cause au livre V de la *Métaphysique*, explique, en parlant de la forme, que « d'une autre façon la cause se dit espèce et exemplaire ; or c'est là la notion de la quiddité ». Et au livre VII de la *Métaphysique*,

dicit : « Ab arte vero fiunt quorumcumque species est in anima. Speciem autem dico quod quid erat esse cuiuscumque et primam substantiam ». Inde est quod Plato illa, quae sunt per se intelligibilia, vocavit ideas, quod latine possumus dicere formas vel species, sicut dicit Augustinus, in *Libro LXXXIII Quaestionum, quaestione de ideis*[a]. Unde et Aristoteles frequenter ideas, quas Plato posuit, species nominat. Et philosophi substantias immateriales, quae sunt per se intelligentes et intelligibiles, formas appellare solent. Unde et Aristoteles, in *III De Anima*[b], ipsa obiecta intellectus vocat species, cum dicit : « Species quidem igitur intellectivum in fantasmatibus intelligit ».

(166) Species igitur idem est quod forma, et dicit proprie comparationem ad intellectum. Sic autem accepta, species dicitur esse in intellectu, vel in anima, sicut cognitum in cognoscente per sui similitudinem, eo modo quo aliquid dicitur esse in suo simili, quia est quodammodo illud. Ex hoc autem assumptum est nomen speciei, ad significandum illam actualitatem per quam anima rebus assimilatur, et quae formaliter et inhaerenter perficit animam, vel etiam anima ipsa sive potentia ipsius, secundum quod perfecta per talem similitudinem, species dicitur. Praecipue autem, et magis proprie, similitudines rerum apud intellectum dicuntur species. Sed communiter etiam similitudines rerum in sensu species dicuntur.

a. Augustinus, *De diversis quaestionibus octoginta tribus*, q. XLVI, ed. Mutzenbecher, p. 71, 21-22.

b. Aristoteles, *De anima*, III, 7, 431b2.

il dit : « Sont le produit de l'art les [choses] dont les espèces sont dans l'âme. J'appelle l'espèce la quiddité d'une [chose] et sa substance première ». De là vient que Platon ait donné aux intelligibles par soi le nom d'Idées, qu'on peut appeler *formae* ou *species* en latin, comme le dit Augustin au *Livre des 83 questions*, à la question *Des idées*. Ainsi Aristote appelle-t-il souvent du nom d'espèces les Idées platoniciennes. Et les philosophes ont coutume de donner le nom de formes aux substances immatérielles, qui sont pensantes par elles-mêmes et intelligibles. Et Aristote, au livre III du *Traité de l'âme*, appelle les objets mêmes de l'intellect des espèces, lorsqu'il dit : « La faculté intellective pense donc les espèces dans les images ».

(166) Une espèce est donc la même [chose] qu'une forme ; elle désigne au sens propre un rapport à l'intellect. On dit que l'espèce ainsi comprise est dans l'intellect ou dans l'âme, comme le connu est dans celui qui connaît par sa ressemblance, de la même manière qu'on dit que quelque chose est dans ce qui lui ressemble, car il *est* cela d'une certaine façon. C'est de là qu'est tiré le nom d'espèce : [ou bien] afin de signifier cette actualité par le moyen de laquelle l'âme s'assimile aux choses et qui parachève l'âme de manière formelle et intrinsèque ; [ou bien afin de signifier] l'âme elle-même ou une de ses puissances, dans la mesure où, parachevée par une telle ressemblance, elle est également appelée espèce. Mais ce sont principalement et de façon plus appropriée les ressemblances des choses dans l'intellect qui sont appelées espèces. Mais on appelle aussi couramment espèces les ressemblances des choses dans le sens.

(167) Et ideo Aristoteles quandoque utitur nomine speciei solum circa intellectum. Unde dicit, in *III De Anima*[a], quod « anima est locus specierum non tota, sed intellectus ». Quandoque vero utitur communiter, tam in sensu quam in intellectu. Unde, in *II De Anima*[b], dicit quod « sensus est susceptivus specierum sine materia ». Et in *III*[c] dicit quod « intellectus est species specierum », – idest quidditatum – « et sensus species sensibilium ».

(168) Hoc autem modo usitatur communiter apud doctores modernos nomen speciei circa animam, videlicet pro ipsa similitudine rei apud animam, sive secundum sensum sive secundum intellectum. Et sic accipitur nomen speciei in proposita quaestione.

(169) Viso igitur quid nomine speciei debeat intelligi, et quomodo accipitur nomen speciei in hac quaestione, quia pro similitudine rei apud animam, est considerandum, secundo, qualiter in intellectu ponendae sunt huiusmodi similitudines. Circa quod sciendum, quod a pluribus ponitur quod in intellectu non sunt species innatae sive naturaliter inditae, cum anima, antequam intelligat, sit sicut « tabula in qua nihil est actu scriptum », secundum Philosophum, *III De Anima*[d]. Sed similitudines rerum in anima sunt acquisitae ab ipsis rebus per abstractionem, quae fit a fantasmatibus virtute intellectus

a. Aristoteles, *De anima*, III, 4, 429b27-28.
b. *Ibid.*, II, 12, 424a17-18.
c. *Ibid.*, III, 8, 432a2.
d. *Ibid.*, III, 4, 429b31-430a2.

(167) C'est pourquoi Aristote utilise parfois le nom d'espèce uniquement à propos de l'intellect. Par exemple, au livre III du *Traité de l'âme*, il soutient que «l'âme est le lieu des espèces, non pas l'âme en entier, mais l'intellect». Parfois, cependant, il s'en sert, conformément à l'acception courante, tant à propos du sens que de l'intellect. Par exemple, au livre II du *Traité de l'âme*, il dit que «le sens est apte à recevoir les espèces sans la matière», et, au livre III, il affirme que «l'intellect est l'espèce des espèces» – c'est-à-dire des quiddités –, et «le sens l'espèce des sensibles».

(168) C'est en ce sens-là que, s'agissant de l'âme, les Docteurs modernes emploient couramment le nom d'espèce, à savoir pour [désigner] cette ressemblance de la chose dans l'âme, qu'il s'agisse du sens ou de l'intellect. Et c'est en ce sens-là que l'on comprend le nom d'espèce dans la présente question.

[*Deuxième partie : comment les espèces sont-elles dans l'intellect ?*]

(169) Après avoir vu ce qu'il faut comprendre par le nom d'espèce, et en quel sens on l'emploie dans la présente question – car il est mis pour une ressemblance de la chose dans l'âme –, il nous faut considérer en second lieu de quelle manière il convient de poser de telles ressemblances dans l'intellect. À ce propos, il faut savoir que plusieurs posent qu'il n'y a pas d'espèces innées ou naturellement mises dans l'intellect, car l'âme, avant de comprendre, est comme «une tablette sur laquelle rien n'est écrit en acte», d'après ce que dit le Philosophe au livre III du *Traité de l'âme*. Les ressemblances des choses dans l'âme sont plutôt acquises à partir des choses mêmes, par abstraction, sous le pouvoir de l'intellect

agentis. Ita quod fantasmata quasi instrumentaliter, et intellectus agens principaliter agunt similitudines rerum in intellectu possibili, quae dicuntur species.

(170) Sed tamen aliqui ponunt huiusmodi similitudines vel species non esse aliud quam actum vel operationem intelligendi, quae immediate causatur a fantasmate virtute intellectus agentis.

(171) Alii vero, praeter actionem intelligendi, ponunt in intellectu similitudinem vel speciem, quae est principium actionis; de qua dicunt esse intelligendum quod ait Philosophus, in *III De Anima*[a], quod lapis non est in anima, sed species. Huiusmodi autem species, praeter operationem intelligendi, necessarium est ponere, ut dicunt, propter quatuor.

(172) Primo quidem propter repraesentationem. Actio enim intelligibilis causatur ab obiecto; quod quidem oportet esse praesens intellectui, si debet ipsum movere. Movens enim et motum oportet esse simul. Obiectum autem intelligibile non potest esse praesens per suam essentiam intellectui. Oportet igitur quod species ipsius sit praesens intellectui. Oportet igitur quod species ipsius sit praesens intellectui, quasi supplens vicem eius in movendo intellectum et causando intellectualem operationem.

(173) Secundo propter depurationem. Eadem enim ratio est, propter quam requiritur species in intellectu, et propter quam sensibile, positum supra sensum, non facit sensum. Ratio autem quare sensibile, positum supra sensum, non facit sensum est materialitas et impuritas obiecti. Forma enim sensibilis in obiecto est, secundum esse valde materiale. In

a. Aristoteles, *De anima*, III, 8, 431b29-432a1.

agent, à partir des images. Ainsi, les images, d'une façon pour ainsi dire instrumentale, et l'intellect agent, à titre principal, produisent dans l'intellect possible des ressemblances des choses qu'on appelle des espèces.

(170) Mais certains soutiennent que de telles ressemblances ou espèces ne sont rien d'autre que l'acte ou l'opération de penser qui est causé de façon immédiate à partir de l'image sous le pouvoir de l'intellect agent.

(171) D'autres, par contre, posent dans l'intellect, outre cette action de penser, une ressemblance ou une espèce qui est un principe d'action, et c'est ainsi qu'il faudrait, selon eux, comprendre l'affirmation d'Aristote au livre III du *Traité de l'âme* selon laquelle ce n'est pas la pierre mais l'espèce [de la pierre] qui est dans l'âme. Il y a quatre raisons pour lesquelles, selon eux, il est nécessaire de postuler de telles espèces en plus de l'opération de penser.

(172) Premièrement, en vue de la représentation. En effet, c'est l'objet qui cause l'action intelligible ; pour ce faire, il lui faut être présent à l'intellect, puisqu'il doit le mouvoir ; en effet, il faut que le moteur et le mû agissent en même temps. Mais l'objet intelligible ne peut être présent à l'intellect par son essence. Il faut donc que son espèce soit présente à l'intellect, tenant lieu de lui en quelque sorte dans l'acte de mouvoir l'intellect et de causer l'opération intellectuelle.

(173) Deuxièmement, en vue de la purification. C'est la même raison qui explique pourquoi une espèce est requise dans l'intellect et pourquoi le sensible posé sur le sens n'engendre pas de sensation. La raison pour laquelle le sensible posé sur le sens n'engendre pas de sensation est la matérialité et l'impureté de l'objet. Car la forme sensible est dans l'objet selon un mode d'être fortement matériel, mais elle

sensu autem recipitur, secundum esse immateriale. Quia sensus est susceptivus specierum sine materia, et quia non fit species immaterialis immediate ab eo quod est valde materiale, ideo oportet ponere medium, in quo aliquo modo depuretur ipsum obiectum, ut sit in medio sic : secundum esse minus materiale quam in ipsa materia, et secundum esse minus immateriale quam sit in sensu. Et sic semper per aliquam speciem mediam causatur species in sensu a re sensibili, et non immediate.

(174) Similiter igitur dicendum est circa intellectum. Cum enim fantasma sit valde materiale, actio autem intellectualis sit multum immaterialis, oportet ponere aliquam speciem mediam, per quam causetur actio intelligendi ab ipso fantasmate.

(175) Tertio propter actionem. Licet enim intellectus agens mediante fantasmate, moveat intellectum possibilem, tamen etiam ipse intellectus possibilis cooperatur agenti, formando in se conceptum vel operationem intelligendi. Unde et actio intellectualis attribuitur possibili intellectui sicut producenti. Nihil autem agit, nisi secundum quod est in actu per aliquam formam. Cum igitur intellectus possibilis de se sit in potentia, si debeat agere et cooperari ad producendum operationem, oportet quod fiat in actu per aliquam formam. Et haec est species intelligibilis, quae propter hoc dicitur operationis principium.

(176) Quarto propter conservationem. Maioris enim efficaciae et virtutis est intellectus quam sensus. Sed in aliquibus viribus sensitivis, etiam cum actu non sentiunt, conservantur species et similitudines sensibilium. Quare multo

est reçue dans le sens selon un [mode d']être immatériel. Parce que le sens est apte à recevoir les espèces sans la matière, et parce qu'un objet fortement matériel ne saurait engendrer de façon immédiate une espèce immatérielle, il s'ensuit, pour cette raison, qu'il faut poser un milieu dans lequel l'objet lui-même est en quelque sorte purifié. De cette façon, il se trouvera dans le milieu selon un [mode d']être moins matériel que dans la matière même, et selon un [mode d']être moins immatériel que dans le sens. Ainsi, c'est toujours par le moyen d'une espèce intermédiaire, et non de manière immédiate, que la chose sensible cause l'espèce dans le sens.

(174) Il en va de manière semblable de l'intellect. Comme l'image est fortement matérielle, alors que l'action intellectuelle est très immatérielle, il convient de postuler une espèce intermédiaire par le moyen de laquelle est causée, à partir de l'image même, l'action de penser.

(175) Troisièmement, en vue de l'action. Bien que l'intellect agent meuve l'intellect possible par le moyen de l'image, néanmoins, celui-ci coopère également avec [l'intellect] agent, en formant en lui-même le concept ou l'opération de penser. Ainsi, l'action intellectuelle est aussi attribuée à l'intellect possible comme à ce qui [la] produit. Or, une [chose] ne peut agir que si elle est en acte de par une certaine forme, et comme l'intellect possible de soi est en puissance, s'il doit agir et coopérer en vue de produire l'opération, il faut qu'il soit en acte de par une certaine forme : c'est là l'espèce intelligible, qu'on appelle pour cette raison principe de l'opération.

(176) Quatrièmement, en vue de la conservation. L'intellect est d'une plus grande efficacité et d'un plus grand pouvoir que le sens. Or, certaines puissances sensibles, même lorsqu'elles ne sont pas en acte de sentir, conservent les espèces et les ressemblances des [choses] sensibles. À bien plus

magis in intellectu conservantur et manent species intelligibilium, etiam cum actu non intelligit. Et sic oportet dicere
quod in intellectu, praeter actionem intelligendi, sunt species
intelligibiles.

(177) Sed, si considerentur ea quae in praecedenti
quaestione dicta sunt, potest aliter dici, videlicet quod in anima
sunt rerum species et similitudines naturaliter inditae. Dictum
est enim quod in anima sunt quaedam aptitudines naturales,
quae sunt quaedam incompletae actualitates. Unde et potentiae naturales dicuntur. Et possunt dici similitudines incompletae, per quas anima movet se ad similitudines completas,
quae non sunt aliud quam ipsae actiones vel operationes. Et
quia similitudo rei apud animam dicitur species, ideo tam illae
aptitudines naturales quam ipsae operationes, quae illas
aptitudines perficiunt, dici possunt species. Quod enim in
voluntate vocatur affectio, hoc in intellectu potest dici species.

(178) Secundum igitur hunc modum, sicut intellectus
dupliciter est intelligens, in potentia sicilicet et in actu, sic in
ipso sunt duplices species, videlicet species in potentia, quae
sunt quidam actus incompleti et istae sunt naturaliter inditae,
sicut et ipsa intellectiva potentia, et species in actu, quae sunt
ipsae actiones ad quas anima movet se a rebus excitata per
sensus. Et istae species in actu perficiunt illas quae sunt in
potentia, sicut actus dicitur perficere potentiam.

(179) Sic autem positis speciebus in anima, non est necessarium ponere alias species acquisitas, praeter operationes et
actus. Non enim est necessarium propter repraesentationem et

forte raison les espèces intelligibles sont-elles conservées et demeurent-elles dans l'intellect, même lorsqu'il ne pense pas en acte. Ainsi, il convient de dire qu'il y a dans l'intellect, outre l'action de penser, des espèces intelligibles.

(177) Mais une autre réponse est possible si l'on considère ce qui a été dit dans la question précédente, à savoir que l'âme recèle des espèces et des ressemblances des choses, naturellement mises en elle. On a dit qu'il y avait dans l'âme des aptitudes naturelles qui sont des actualités incomplètes, qu'on appelle, pour cette raison, des puissances naturelles. On peut aussi appeler [ces aptitudes] des ressemblances incomplètes, au moyen desquelles l'âme se meut vers des ressemblances complètes, qui ne sont rien d'autre que les actions ou les opérations mêmes. Et du fait qu'on appelle espèce la ressemblance de la chose dans l'âme, il s'ensuit qu'on peut aussi qualifier d'espèces les aptitudes naturelles ainsi que les opérations qui les parachèvent. Ainsi, ce qui, dans le cas de la volonté, s'appelle affection, cela on peut l'appeler espèce dans le cas de l'intellect.

(178) Selon cette façon de voir, de même que l'intellect pense de deux manières, à savoir en puissance et en acte, de même, il y a deux espèces en lui, à savoir les espèces en puissance, qui sont des actes incomplets, et qui sont naturellement mises en lui, comme la puissance intellective même, et les espèces en acte, qui sont les actions mêmes vers lesquelles l'âme se meut lorsqu'elle y est incitée par les choses et par le sens. Ces espèces en acte parachèvent celles qui sont en puissances, de la même façon dont on dit que l'acte parachève la puissance.

(179) Si l'on admet de telles espèces dans l'âme, il n'est pas nécessaire de postuler des espèces acquises autres que les opérations et les actes. En effet, la représentation et la

motionem ipsius intellectus; quia ad hoc sufficiunt aptitudines inditae cum fantasmatibus excitantibus. Nec est necessarium propter depurationem; quia secundum hanc viam actio intelligendi non causatur principaliter a fantasmate, sed ab ipsa anima se movente per species inditas; fantasma autem agit et movet solum excitando. Ad huiusmodi autem motionem non est necessaria depuratio, per aliquam speciem factam in intellectu, praeter actum intelligendi, sed sufficit depuratio facta in ipsis viribus sensitivis; sicut etiam ad hoc, quod immutatio organi excitet potentiam sensitivam, non requiritur alia species ab operatione sentiendi, sed sufficit depuratio facta in medio et in organo.

(180) Quare autem in sensu requiratur medium, et quare sensibile, positum supra sensum, non faciat sensum, et utrum causa superius assignata secundum aliquos sit conveniens et sufficiens, declarare non spectat ad praesens.

(181) Nec etiam est necessarium ponere huiusmodi species propter actionem, quia sufficiunt ad hoc species inditae. Nec est etiam necessarium propter conservationem, quia ipsa intelligibilia conservantur in intellectu per species inditas, et secundum hoc habet rationem memoriae. Quantum autem ad id, quod intellectus indiget excitatione a fantasmatibus, conservantur similitudines huiusmodi in memoria sensitiva.

motion de l'intellect ne l'exigent pas, puisque les aptitudes mises [dans l'âme], conjuguées avec l'excitation des images, y suffisent. La purification ne l'exige pas non plus, puisque, selon la position en question, l'action de penser n'est pas causée à titre principal par l'image, mais bien par l'âme même, qui se meut à l'aide des espèces mises en elle. L'image, en effet, n'agit et ne meut que par mode d'excitation. Or, pour engendrer une telle motion, aucune purification résultant de la production d'une espèce dans l'intellect autre que l'acte de penser n'est nécessaire : la purification qui est réalisée dans les puissances sensitives elles-mêmes suffit. De même aussi, pour que la modification de l'organe excite la puissance sensitive, une espèce autre que l'opération de sentir n'est pas requise : la purification réalisée dans le milieu et dans l'organe suffit.

(180) Quant à la raison pour laquelle un milieu est requis pour le sens, et pourquoi le sensible ne produit pas de sensation lorsqu'il est posé sur le sens, et quant à savoir si l'explication de certains, précédemment évoquée[1], est appropriée et suffisante, ce n'est pas ici le lieu d'en parler.

(181) Enfin, il n'est pas nécessaire d'avoir recours à de telles espèces pour rendre compte de l'action, car les espèces mises [dans l'âme] suffisent. Ce n'est pas nécessaire non plus pour rendre compte de la conservation, car les intelligibles mêmes sont conservés dans l'intellect par les espèces mises [dans l'âme], et c'est en ce sens que l'intellect comporte la capacité de mémoire. Quant au fait que l'intellect nécessite l'excitation des images, [la réponse est que] ces ressemblances sont conservées dans la mémoire sensitive.

---

1. *Id est*, en (173), p. 199-201.

(182) Ostenso igitur qualiter in intellectu sunt ponendae species, videndum est tertio, quomodo intellectus per species intelligit res ipsas, et praecipue substantiam. Ex quo patebit, quod in quaestione proponitur.

(183) Propter quod sciendum quod, secundum illos qui ponunt species causari in intellectu a fantasmatibus, non est facile videri quomodo intellectus cognoscat substantiam. Cum enim fantasma per se sit similitudo accidentis, non videtur quod possit in intellectu causare similitudinem substantiae, sive accipiatur similitudo pro ipso actu intelligendi, sive pro specie quae est principium actus. Et ideo inter illos, qui ponunt species in intellectu causari a fantasmatibus, sunt diversi modi dicendi de ordine et modo quo intellectus intelligit substantiam.

(184) Quidam enim dicunt quod, in statu viae, naturali cognitione anima non intelligit substantiam per speciem propriam ipsius substantiae; sed per speciem alicuius accidentalis proprietatis, quae nata est ducere in cognitionem substantiae, sicut effectus ducit in cognitionem causae. Ita quod, secundum hanc viam, a specie quae est in fantasia, cum sit per se accidentis et non substantiae, causatur in intellectu species accidentis, per quam intellectus cognoscit accidens; et sic accidens est primo cognitum ab intellectu. Deinde vero, per

[*Troisième partie : comment l'intellect se sert-il des espèces ?*]

(182) Après avoir montré de quelle manière il faut poser des espèces dans l'intellect, il faut voir en troisième lieu comment l'intellect, par l'intermédiaire des espèces, pense les choses mêmes, surtout la substance, ce qui permettra de clarifier notre position.

(183) À ce propos, il faut observer que, dans l'hypothèse de ceux qui prétendent que les espèces sont causées dans l'intellect par les images, il n'est pas facile de voir comment l'intellect connaît la substance. En effet, on ne voit pas comment l'image, qui par soi est une ressemblance de l'accident, peut causer dans l'intellect la ressemblance d'une substance, [et ce,] que la ressemblance renvoie à l'acte même de penser ou à l'espèce qui est le principe de cet acte. C'est ce qui explique qu'il y ait, parmi les partisans de la thèse que les espèces sont causées dans l'intellect par les images, une pluralité d'opinions concernant l'ordre et la manière suivant lesquels l'intellect pense la substance.

(184) Certains soutiennent que, dans l'état de voie, l'âme, par une connaissance naturelle, ne pense pas la substance par le moyen de l'espèce propre à cette substance, mais bien par le moyen de l'espèce d'une certaine propriété accidentelle, qui est apte à conduire à la connaissance de la substance, comme l'effet conduit à la connaissance de la cause. Selon cette position, à partir de l'espèce qui est l'imagination, laquelle, par soi, relève de l'accident et non de la substance, est causée dans l'intellect l'espèce de l'accident, au moyen de laquelle l'intellect connaît l'accident, de sorte que l'accident est ce que l'intellect connaît en premier lieu. Mais ensuite, [l'intellect] parvient à la connaissance de la substance par l'intermédiaire

cognitionem accidentis venit in cognitionem substantiae,
sicut per effectum proprium et proportionatum pervenitur in
cognitionem causae. Si enim virtus aestimativa ex speciebus
sensatis apprehendit intentiones non sensatas, multo magis
intellectus ex speciebus accidentium accipit notitiam substantiarum. In nobis autem ipsis experimur, quod per proprietates
devenimus in cognitionem substantiae. Unde et philosophi per
proprietates assignaverunt diffinitiones substantiarum. Et ideo
substantia non potest a nobis perfecte cognosci in statu huius
vitae, cum non cognoscatur per propriam speciem.

(185) Adducunt autem ad huiusmodi declarationem plures
rationes, inter quas etiam sunt illae duae quae in obiciendo sunt
tactae.

(186) Alii vero, considerantes quod substantia est prior
accidente, cognitione, diffinitione et tempore, secundum
Philosophum, *VII Metaphysicae*[a], dicunt quod substantia
est primum cognitum ab intellectu; et sic cognoscitur per
propriam speciem causatam a fantasmate. Quomodo autem
species substantiae possit causari a fantasmate, quod est
similitudo accidentis, triplex modus assignatur.

(187) Quidam enim dicunt, quod tota res multiplicat
se ad quamlibet animae potentiam, ita quod etiam in
sensu et fantasia est species substantiae velata cum
accidentibus, sicut et in re extra latet substantia sub
accidentibus. Non autem quaelibet potentia cognoscit totum
quod est in re, sed solum id quod nata est cognoscere.

---

a. Aristoteles, *Metaphysica*, VII, 1, 1028a32-33.

de la connaissance de l'accident, de la même façon que l'on parvient à la connaissance de la cause par le biais de son effet propre et proportionné. Si la puissance estimative appréhende des intentions non senties à partir d'espèces senties, à bien plus forte raison l'intellect admettra-t-il la connaissance des substances à partir des espèces des accidents. Car nous voyons dans notre propre expérience que nous parvenons à la connaissance des substances à partir des propriétés. Aussi les philosophes définirent-ils les substances d'après les propriétés. C'est pourquoi nous ne pouvons avoir une connaissance parfaite de la substance dans l'état de la vie présente, puisque nous ne la connaissons pas par son espèce propre.

(185) Ils ajoutent plusieurs autres arguments à cette explication, parmi lesquels figurent les deux que nous avons évoqués dans les objections[1].

(186) D'autres, en revanche, se fondant sur le fait que, d'après le Philosophe au livre VII de la *Métaphysique*, la substance est antérieure à l'accident dans l'ordre de la connaissance, de la définition et du temps, soutiennent que la substance est ce qui est connu en premier par l'intellect, et qu'elle est connue par son espèce propre causée par l'image. Comment l'espèce de la substance peut être causée par l'image qui est une ressemblance de l'accident, cela on l'explique de trois façons.

(187) Certains soutiennent que la chose en entier se multiplie en direction de chaque puissance de l'âme, si bien que l'espèce de la substance se trouverait même dans le sens et dans l'imagination, voilée par les accidents, de la même façon que la substance se dissimule sous les accidents dans la chose extérieure. Or, chaque puissance ne connaît pas tout ce qu'il y a dans la chose, mais seulement ce qu'elle est apte à connaître.

1. Cf. *supra*, (161)-(162), p. 191.

Secundum ergo hunc modum, quia in fantasia est species substantiae, potest causari species substantiae in intellectu a fantasmate, et cognoscitur substantia ab intellectu per speciem substantiae, licet a fantasia non cognoscatur.

(188) Alii vero dicunt quod, sicut accidens producit realiter substantiam in virtute substantiae, ut calor producit formam substantialem ignis in virtute formae substantialis ignis generantis, sic etiam species accidentis existens in fantasia, in virtute substantiae cui coniunctum est accidens illud in re extra, potest causare in intellectu speciem substantiae, in virtute tamen intellectus agentis illustrantis et abstrahentis speciem substantiae a conditionibus materialibus.

(189) Alii vero simpliciter hoc attribuunt intellectui agenti. Cum enim in intellectu agente praeexistant in virtute omnia intelligibilia, poterit, actione ipsius in fantasmate, causari species substantiae in intellectu possibili, quamvis in fantasia solum sit species accidentis.

(190) Si autem ponantur in intellectu similitudines quaedam innatae, per quas anima se movet ad intelligendum actu, ut supra dictum est, non videtur difficile ostendere quomodo intellectus intelligit substantiam per propriam speciem, quamvis in fantasia non sit nisi species accidentis.

(191) Est igitur sciendum, secundum hanc viam, quod intellectus, secundum species naturaliter sibi inditas, movet se ordine quodam. Prius enim movet se ad intelligendum

Ainsi, selon cette façon de voir, du fait que l'espèce de la substance est dans l'imagination, l'espèce de la substance peut être causée dans l'intellect par l'image, et la substance est connue par l'intellect par le moyen de l'espèce de la substance, bien qu'elle ne soit pas connue par l'imagination.

(188) D'autres affirment que, de même que l'accident produit réellement la substance par le pouvoir de la substance – comme la chaleur produit la forme substantielle du feu par le pouvoir de la forme substantielle du feu générateur –, ainsi l'espèce de l'accident existant dans l'imagination peut causer l'espèce de la substance dans l'intellect par le pouvoir de la substance à laquelle est conjoint cet accident dans la chose extérieure. Toutefois, [cela n'est possible] que par le pouvoir de l'intellect agent, qui illumine et abstrait l'espèce de la substance des conditions matérielles.

(189) D'autres, en revanche, attribuent cela simplement à l'intellect agent. Puisque tous les intelligibles préexistent en puissance dans l'intellect agent, par l'action de celui-ci dans l'image, pourra être causée dans l'intellect possible l'espèce de la substance, bien qu'il n'y ait dans l'imagination que l'espèce de l'accident.

(190) Mais si l'on pose qu'il y a dans l'intellect des ressemblances innées par le moyen desquelles l'âme se meut à penser en acte, comme il a été dit plus haut[1], il ne semble pas difficile de montrer comment l'intellect pense la substance par son espèce propre, bien qu'il n'y ait dans l'imagination que l'espèce de l'accident.

(191) Il faut donc savoir que, selon cette façon de voir, l'intellect se meut suivant un certain ordre au moyen des espèces naturellement mises en lui. Il se meut à la pensée de la

1. Cf. *supra*, (177)-(181), p. 203-205.

substantiam quam accidens. Sicut enim substantia est prior
accidente, secundum naturam entitatis, sic est ipso prior
secundum rationem cognoscibilitatis. Et ideo inter opiniones
praedictas rationabilior esse videtur illa, quae ponit quod
substantia est primo cognitum ab intellectu. Maxime autem
videtur quod intellectus intelligat per propriam speciem illud,
quod naturaliter est ab ipso primo cognoscibile.

(192) Quare, et si de accidente posset esse dubium, utrum
intelligatur per propriam speciem, propter hoc quod est a
substantia dependens, de substantia tamen videtur omnino
esse dicendum, quod intelligatur per speciem propriam. Cum
ergo quaeritur, utrum anima hic in via intelligat substantiam
per propriam speciem ipsius substantiae, dicendum est quod,
si loquamur de specie quae est in intellectu, substantia per
propriam speciem intelligitur, sive accipiatur species pro aptitudine indita per quam intellectus movet se ad intelligendum,
sive accipiatur pro ipsa cognitione actuali. Hoc enim duplici
modo sumitur species circa intellectum, ut supra dictum est.

(193) Tamen aliquo modo etiam dici potest, quod per
speciem alterius cognoscatur substantia. Quandoque secundum quod per cognitionem unius substantiae devenimus in
cognitionem alterius, ut cum per cognitionem causae devenimus in cognitionem effectus, vel econverso. Tunc enim,
licet quaelibet earum cognoscatur per propriam speciem,
tamen, praeter hoc, species unius facit ad cognitionem alterius.

substance avant celle de l'accident : de même que la substance est antérieure à l'accident dans l'ordre de l'entité, de même, elle lui est antérieure dans l'ordre de la cognoscibilité. Ainsi, parmi les opinions susdites, la plus raisonnable paraît être celle qui soutient que la substance est ce qui est connu en premier par l'intellect. Or, il est maximalement vraisemblable que l'intellect pense par son espèce propre ce qui est naturellement connaissable par lui à titre premier.

(192) C'est pourquoi, s'il est douteux que l'accident soit pensable par son espèce propre dans la mesure où il dépend de la substance, il semble, en revanche, qu'on puisse tout à fait dire de la substance qu'elle est pensable par son espèce propre. Ainsi donc, à la question : « L'âme ici-bas pense-t-elle la substance par une espèce qui soit propre à la substance ? », il faut répondre que si nous parlons de l'espèce qui est dans l'intellect, la substance est pensée par son espèce propre, [peu importe] que l'espèce renvoie à l'aptitude qui est mise en elle [et] par laquelle l'intellect se meut à penser, ou bien qu'elle renvoie à la connaissance en acte. C'est de ces deux manières que se prend l'espèce dans le cas de l'intellect, comme on l'a dit plus haut[1].

(193) Pourtant, on peut aussi dire d'une certaine façon que la substance est connue au moyen de l'espèce d'autre chose. Parfois, nous parvenons d'une certaine façon, par le moyen de la connaissance d'une substance, à la connaissance d'une autre, comme lorsque par la connaissance de la cause nous parvenons à la connaissance de l'effet, ou inversement. Dans ce cas, bien que chacune de ces [substances] soit connue par son espèce propre, en outre, l'espèce de l'une fait connaître l'espèce de l'autre.

1. *Id est*, en (178), p. 203.

(194) Si autem loquamur de specie quae est in fantasia, sic substantia non intelligitur per propriam speciem, sed per speciem accidentis. Species enim, quae est in fantasia, non est substantiae, nisi per accidens; per se autem est alicuius accidentis.

(195) Non autem est inconveniens quod fantasma accidentis moveat intellectum ad cognitionem substantiae. Nam, ut supra dictum est, fantasma movet intellectum solum per modum excitationis cuiusdam. Quod autem sic movet aliud, non oportet quod sit in actu secundum illud idem, ad quod est in potentia illud quod movetur. Sed sufficit quod sit in actu secundum aliquid, quod habeat convenientiam alicuius habitudinis cum illo ad quod motum est in potentia. Sic autem est in proposito. Accidens enim habet convenientiam cuius- dam habitudinis cum substantia, sicut effectus proprius et per se cum sua causa. Et ideo, species accidentis in fantasia potest, excitando, movere intellectum ad cognitionem substantiae. Propter quod non cuiuslibet accidentis fantasma movet ad cognitionem cuiuscumque substantiae, sed proprium acci- dens et determinatum movet ad cognitionem substantiae determinatae, cuius est illud accidens.

(196) Et inde est quod nullum fantasma potest excitare intellectum ad cognitionem substantiae immaterialis quiddi- tativam et positivam, quia omnia accidentia, quae possunt sensu comprehendi, extranea sunt respectu talis substantiae. Et ideo, in statu huius vitae, in quo nihil sine fantasmate intelligit anima, huiusmodi substantia positive non potest

(194) Mais si nous parlons de l'espèce qui est dans l'imagination, alors la substance n'est pas intelligée par son espèce propre, mais par l'espèce de l'accident. Car l'espèce qui est dans l'imagination ne relève pas de la substance si ce n'est par accident ; par soi, elle relève d'un accident.

(195) Or, il n'est pas incongru que l'image de l'accident meuve l'intellect à la connaissance de la substance, car, comme on l'a dit plus haut[1], l'image ne meut l'intellect que selon le mode d'une certaine excitation. Or, il n'est pas nécessaire que ce qui meut de cette façon-là soit en acte à l'égard de cela même à l'égard de quoi est en puissance la [chose] qui est mue ; il suffit qu'il soit en acte à l'égard de quelque chose qui possède une conformité selon un certain rapport avec ce à l'égard de quoi ce qui est mû est en puissance. Ainsi en va-t-il dans le cas présent : il y a entre l'accident et la substance une conformité selon un certain rapport, comme entre l'effet propre et par soi et sa cause. C'est pourquoi l'espèce de l'accident dans l'imagination peut, par excitation, mouvoir l'intellect à la connaissance de la substance. Mais il est faux que l'image de n'importe quel accident meuve à la connaissance de n'importe quelle substance, mais c'est l'accident propre et déterminé qui meut à la connaissance de la substance déterminée dont il est l'accident.

(196) D'où il ressort qu'aucune image ne peut inciter l'intellect à la connaissance quidditative et positive de la substance immatérielle, car tous les accidents qui sont susceptibles d'être appréhendés par le sens sont étrangers à une telle substance. C'est ainsi que dans l'état de la vie présente où l'âme ne pense rien sans images, cette sorte de substance ne peut être

1. Cf. *supra*, q. 12, (128)-(130), p. 157-159 et q. 13, (179), p. 203-205.

cognosci, quantum ad quod quid est. Tamen ea, quae sensu percipiuntur, aliqualem convenientiam habitudinis, quamvis remotam, habent cum immateriali substantia. Ideo ducunt in aliqualem cognitionem ipsius.

(197) Sic igitur substantia non cognoscitur per propriam speciem, si sumatur species ut est in fantasia, sed cognoscitur per speciem accidentis, quae aliquo modo potest etiam dici species substantiae, secundum quamdam habitudinem. Licet enim sit species substantiae per accidens, quia substantia non cognoscitur a sensu nisi per accidens, per se autem cognoscitur a solo intellectu; tamen, propter determinatam habitudinem accidentis ad substantiam, excitat intellectum ad cognitionem substantiae per propriam speciem.

(198) Est auten sciendum quod, sicut substantia non habet propriam speciem per se in sensu, sic et multa accidentia in ipsis etiam corporalibus rebus. Ad horum tamen cognitionem excitatur intellectus per fantasma alicuius accidentis, quod sensu apprehenditur, quod aliquam convenientiam habitudinis habet cum illis, sicut de substantia dictum est. Unde contingit quod per unum fantasma excitatur intellectus ad multorum cognitionem, tamen ordine quodam. Apparet itaque quod intellectus, uno modo intelligit substantiam per speciem propriam, alio modo non per propriam speciem. Sed quia, cum quaeritur : utrum aliquid intelligatur per speciem propriam, magis refertur hoc ad speciem secundum quod est in intellectu, ideo simpliciter est dicendum, quod substantia intelligitur per propriam speciem.

connue positivement quant à sa quiddité. Toutefois, ce qui est
perçu par le sens possède une certaine conformité de rapport,
bien que celle-ci soit éloignée, avec la substance immatérielle,
et conduit par conséquent à la connaître d'une certaine manière.

(197) Ainsi donc, la substance n'est pas connue par son
espèce propre si on prend l'espèce comme elle est dans l'imagination, mais elle est connue par l'espèce de l'accident, qui
peut aussi d'une certaine façon, en vertu d'un certain rapport,
être appelée l'espèce de la substance. Bien que cette espèce ne
relève de la substance que par accident, puisque la substance
n'est connue par le sens que par accident, par soi elle est connue
par le seul intellect ; néanmoins, à cause du rapport déterminé
qui relie l'accident à la substance, elle incite l'intellect à la
connaissance de la substance par son espèce propre.

(198) Or, il faut savoir que si la substance n'a pas d'espèce
propre par soi dans le sens, il en va de même de multiples accidents dans les choses corporelles mêmes. L'intellect est incité
à les connaître par l'image d'un certain accident qui est appré-
hendé par le sens et qui a une certaine conformité dc rapport
avec eux, ainsi que cela a été dit de la substance. Il en résulte
que l'intellect est incité à la connaissance de plusieurs [choses]
par une seule image, mais selon un certain ordre. De la sorte,
il apparaît clairement que l'intellect, d'une façon, pense la
substance par son espèce propre, d'une autre façon, ne [la
pense pas] par son espèce propre. Mais du fait que, lorsqu'on
demande « quelque chose est-il pensé par son espèce propre ? »,
la question renvoie davantage à l'espèce en tant qu'elle est
dans l'intellect, il s'ensuit qu'il faut répondre tout simplement
que la substance est intelligée par son espèce propre.

(199) Ad illud ergo quod primo obicitur in contrarium, dicendum est quod, licet in Sacramento Altaris non sit substantia panis, tamen, quia accidentia illa, quae manent, convenientiam habent cum substantia panis, ideo ducunt in cognitionem substantiae panis, sicut si esset ibi panis substantia, et cognoscitur substantia panis non per speciem accidentium, sed per speciem propriam, si sumitur species secundum quod est in intellectu, ut declaratum est.

(200) Ad illud vero quod obicitur secundo, dicendum est quod, per se loquendo, substantia cognoscitur cognitione intuitiva. Sed quia non statim habemus a principio perfectam et distinctam cognitionem ipsius, ideo, ad habendum cognitionem perfectam, utimur quodam discursu dum venamur diffinitionem ipsius, sive per proprietates ipsius sive per divisionem et compositionem. Unde hic est ordo in cognoscendo, quod primo cognoscimus intuitive substantiam cognitione confusa, deinde cognoscimus accidentales proprietates cognitione imperfecta. Deinde per huiusmodi proprietates devenimus in cognitionem substantiae distinctam, quae est cognitio diffinitiva. Nam accidentia magnam partem conferunt ad cognoscendum quod quid est. Deinde vero, per quod quid est substantiae, devenimus in cognitionem accidentalium proprietatum perfectam. Et sic semper cognitio substantiae praecedit cognitionem accidentis in intellectu, si accipiatur cognitio utriusque uniformiter; quia cognitio substantiae imperfecta praecedit cognitionem

[*Réponse aux objections*]

(199) À la première objection en sens contraire, il faut répondre que, bien que la substance du pain ne se trouve pas dans le sacrement de l'autel, les accidents, qui, eux, demeurent, ont une conformité avec la substance du pain. C'est pourquoi ils conduisent à la connaissance de la substance du pain, comme s'il y avait là la substance du pain et que la substance du pain était connue, non par l'espèce de ses accidents, mais par son espèce propre – l'espèce étant envisagée en tant qu'elle est dans l'intellect, ainsi qu'on l'a dit.

(200) À la seconde objection, il faut répondre que la substance, en toute rigueur, est connue par une connaissance intuitive. Mais parce que nous n'en avons pas immédiatement, dès le commencement, une connaissance parfaite et distincte, pour cette raison, afin d'en acquérir la connaissance parfaite, nous traquons sa définition, en usant d'une démarche discursive, soit par le moyen de ses propriétés, soit par division et composition. Voici donc dans quel ordre s'opère la connaissance : nous connaissons d'abord intuitivement la substance d'une connaissance confuse, ensuite nous connaissons les propriétés accidentelles d'une connaissance imparfaite. De la sorte, nous parvenons, grâce à ces propriétés, à la connaissance distincte de la substance, qui est la connaissance définitive. Les accidents, en effet, jouent un grand rôle dans la connaissance de la quiddité. Mais ensuite, grâce à la quiddité de la substance, nous parvenons à la connaissance parfaite des propriétés accidentelles. Et ainsi, la connaissance de la substance précède toujours la connaissance de l'accident dans l'intellect, du moins si « connaissance » est entendue de façon uniforme dans les deux cas. En effet, la connaissance imparfaite de la substance précède la connaissance imparfaite

accidentis imperfectam, et cognitio substantiae perfecta praecedit cognitionem accidentis perfectam. Tamen cognitio accidentis imperfecta praecedit cognitionem substantiae perfectam.

(201) Et licet modo praedicto ad perfectam cognitionem substantiae deveniatur per quemdam discursum, non propter hoc sequitur quod substantia non cognoscitur per propriam speciem, sive cognitione perfecta sive imperfecta. Ex hoc enim quod est cognoscere aliquid per discursum, vel non per discursum, non potest argui, illud cognosci per speciem propriam aut non per speciem propriam. Potest enim aliquid cognosci per discursum, quod tamen cognoscitur per speciem propriam. Et potest aliquid cognosci non per speciem propriam, non tamen cognoscitur sine discursu. Et ideo maior praedictae rationis non est omnino vera.

(202) Est tamen sciendum quod, licet cognoscere aliquid per discursum non tollat quin illud cognoscatur per speciem propriam, tamen bene arguit quod ad illius cognitionem aliquid faciat species alterius. Quia in discursu videtur esse quaedam diversitas cognitorum, et ex cognitione unius venitur in cognitionem alterius.

de l'accident, et la connaissance parfaite de la substance précède la connaissance parfaite de l'accident. Cependant, la connaissance imparfaite de l'accident précède la connaissance parfaite de la substance.

(201) Et bien que, de la sorte, on parvienne à la connaissance parfaite par une certaine démarche discursive, il ne s'ensuit pas que la substance ne soit pas connue par son espèce propre, qu'il s'agisse d'une connaissance parfaite ou imparfaite. On ne peut pas tirer argument du fait que quelque chose est ou n'est pas connu par le moyen d'une démarche discursive pour dire qu'il est connu ou non par une espèce propre. Quelque chose peut être connu par voie discursive qui, cependant, est connu par une espèce propre ; et quelque chose peut ne pas être connu par une espèce propre qui, cependant, n'est pas connu sans démarche discursive. La majeure de l'argument susdit n'est donc pas absolument vraie.

(202) Il faut toutefois savoir que, bien que connaître quelque chose par voie discursive n'empêche pas de le connaître par une espèce propre, [ce mode de connaissance] implique, en revanche, qu'une espèce autre [que celle de la substance] contribue à notre connaissance. Car la démarche discursive paraît impliquer une certaine diversité des objets connus ; à partir de la connaissance de l'un on parvient à la connaissance de l'autre.

BIBLIOGRAPHIE

Œuvres de Jacques de Viterbe

La liste complète des œuvres authentiques de Jacques de Viterbe est donnée à la page 260 de l'article de E. Ypma, «Recherches sur la carrière scolaire et la bibliothèque de Jacques de Viterbe» (pour la référence complète, voir *infra*). Les intitulés des questions de ses œuvres principales – suivis dans la plupart des cas de brefs extraits de leur contenu – se trouvent dans l'«Appendix» de l'ouvrage de Gutiérrez (p. 141-152) dont on trouvera également la référence ci-après. On se bornera dans la bibliographie qui suit à donner les références aux ouvrages cités dans l'introduction.

Disputatio prima de quolibet, E. Ypma (ed.), Würzburg, Augustinus-Verlag, 1968.

Disputatio secunda de quolibet, E. Ypma (ed.), Würzburg, Augustinus-Verlag, 1969.

Disputatio tertia de quolibet, E. Ypma (ed.), Würzburg, Augustinus-Verlag, 1973.

Disputatio quarta de quolibet, E. Ypma (ed.), Würzburg, Augustinus-Verlag, 1975.

Quaestiones de divinis praedicamentis, q. XXI, E. Ypma (ed.), Augustiniana 44 (1994), p. 177-208.

Manuscrit

Ms. Naples, Biblioteca Nazionale, VII. C. 4

Auteurs anciens et médiévaux

ALPHONSE VARGAS DE TOLÈDE, *In tres Aristotelis Libros de anima quaestiones*, Venise, 1566.

ARISTOTE, *Catégories*, éd. et trad. fr. R. Bodéüs, Paris, Belles Lettres, 2001; *Catégories – De l'interprétation (Organon I-II)*, trad. fr. J. Tricot, Paris, Vrin, 2008.

– *Analytica priora*, dans *Aristotelis Opera*, Ex recensione Immanuelis Bekkeri edidit Academia Regia Borussica, Accedunt fragmenta scholia index Aristotelicus, Editio Altera quam curavit O. Gigon, Bd 1, Berlin, de Gruyter, 1960; *Premiers analytiques (Organon III)*, trad. fr. J. Tricot, Paris, Vrin, 2007.

AUGUSTIN D'HIPPONE, *Sancti Augustini Sermones post Maurinos reperti*, D.G. Morin (ed.), Romae, Typis polyglottis vaticanis, 1930.

EUSTACHE D'ARRAS, «Utrum anima rationalis corpori coniuncta cognoscat per intellectum formas substantiales, sive quidditates rerum», dans *De humanae cognitionis ratione anecdota quaedam seraphici doctoris sancti Bonaventurae et nonnullorum ipsius discipulorum*, Collegium S. Bonaventurae, Ex Typographia Collegii S. Bonaventurae, 1883, p. 187-195.

GILLES DE ROME, *Quodlibeta*, Venise, 1502.

– *Super librum de causis*, Venise, 1550; rééd. Francfort, Minerva, 1968.

– *De cognitione angelorum*, Venise, 1503, rééd. Francfort, Minerva, 1968.

– *Super Librum primum Posteriorum Analyticorum*, Venise, 1488; rééd. Francfort, Minerva, 1967.

GODEFROID DE FONTAINES, *Les Quodlibets cinq, six et sept*, M. De Wulf et J. Hoffmans (éds.), Louvain, Institut supérieur de philosophie de l'Université, 1914.

– *Le neuvième Quodlibet*, J. Hoffmans (éd.), Louvain, Institut supérieur de philosophie de l'Université, 1928.

GUILLAUME D'AUVERGNE, *De l'âme* (*VII, 1-9*), introd., trad. fr. et notes J.-B. Brenet, Paris, Vrin, 1998.

– *De universo*, Paris, 1674 (*Guilielmi Alverni Episcopi Parisiensis ... Opera omnia*, t. 1).

HENRI DE GAND, *Quodlibet* X, R. Macken (ed.), Leuven, Leuven UP, 1981 (*Henrici de Gandavo Opera omnia*, vol. 14).

JEAN DUNS SCOT, *Lectura in librum primum Sententiarum*, Prologus et distinctions a prima ad septimam, Civitas Vaticana, Typis Polyglottis Vaticanis, 1960 (*Doctoris subtilis et mariani Ioannis Duns Scoti Ordinis Fratrum minorum Opera omnia*, v. XVI).

– *Ordinatio*, Liber primus, distinctio tertia, studio et cura Commissionis scotisticae ad fidem codicum edita, praeside Carolo Balič, Città del Vaticano, Typis polyglottis vaticanis, 1954 (*Doctoris subtilis et mariani Ioannis Duns Scoti Ordinis Fratrum minorum Opera omnia*, v. III).

JEAN PECKHAM, *Tractatus de anima*, G. Melani (ed.), Firenze, Edizioni Studi Francescani, 1948.

MATTHIEU D'AQUASPARTA, *Quaestiones de cognitione*, q. 3, dans *Quaestiones disputatae de fide et de cognitione*, cura Florentiae-Collegii S. Bonaventurae, Quaracchi-Ex typographia Collegii S. Bonaventurae, 1957.

PIERRE DE JEAN OLIVI, *Quaestiones in secundum librum Sententiarum*, B. Jansen (ed.), Ad Claras Aquas (Quaracchi), Ex Typographia Collegii S. Bonaventurae, 1926.

PORPHYRE, *In Aristotelis Categorias expositio per interrogationem et responsionem*, A. Busse (ed.), Berolini, Typis et impensis Georgii Reimer, 1887.

RICHARD DE MEDIAVILLA, *Super Quatuor libros sententiarum Petri Lombardi quaestiones subtilissimae*, Brescia, 1591; rééd. Francfort, Minerva, 1963.

ROGER BACON, *De multiplicatione specierum*, D. Lindberg (ed.), dans *Roger Bacon's Philosophy of Nature*, Critical edition with English translation, introduction, and notes of *De multiplicatione specierum* and *De speculis comburentibus*, Oxford, Clarendon Press, 1983, p. 1-269.

SIMPLICIUS, *Commentaire sur les catégories d'Aristote* (traduction Guillaume de Moerbeke), éd. critique A. Pattin, O.M.I. avec W. Stuyven, Louvain, Publications universitaires, 1971.

– *In Aristotelis Categorias commentarium*, C. Kalbfleisch (ed.), Berlin, G. Reimer, 1907.

THOMAS D'AQUIN, *De unitate intellectus*, c. 4, cura et studio Fratrum praedicatorum, Roma, Editori di San Tommaso, 1976 (*Sancti Thomae Aquinatis Opera omnia*, v. XLIII).

– *Quaestiones disputatae de veritate*, cura et studio Fratrum praedicatorum (A. Dondaine), Romae, Ad Sanctae Sabinae, 1972 (*Sancti Thomae Aquinatis Opera omnia*, v. XXII).

– *Summa contra Gentiles*, cura et studio C. Pera, coadiuv. P. Marc et P. Caramello, Taurini-Romae, Marietti, 1961-1967.

– *Scriptum super primum librum Sententiarum*, P. Mandonnet (éd.), Paris, Lethielleux, 1929.

THOMAS SUTTON, *Quaestiones ordinariae*, J. Schneider (ed.), Munich, Verlag der bayerischen Akademie der Wissenschaften, 1977.

VITAL DU FOUR, « Quaestio nostra est utrum intellectus coniunctus cognoscat substantiam rei materialis per propriam speciem substantiae vel solum per accidentia », F. Delorme, O.F.M. (éd.), dans « Le Cardinal Vital du Four. Huit questions disputées sur le problème de la connaissance », *Archives d'histoire doctrinale et littéraire du Moyen Âge* 2 (1927), p. 252-272.

Auteurs contemporains

BAKKER P.J.J.M., *Tabula rasa*, Nijmegen, Nijmegen UB, 2009.

BALLÉRIAUX O., « Thémistius et l'exégèse de la noétique aristotélicienne », *Revue de philosophie ancienne*, 7 (1989), p. 199-233.

BATAILLON L.J., « Quelques utilisateurs des textes rares de Moerbeke (Philopon, *tria Opuscula*) et particulièrement Jacques de Viterbe », dans *Guillaume de Moerbeke*, Recueil d'études à l'occasion du 700ᵉ anniversaire de sa mort (1286), J. Brams et W. Vanhamel (dir.), Leuven, Leuven UP, 1989, p. 107-112.

CASADO P.F., « El primer Quodlibet de Santiago de Viterbo OSA », *Estudio Agustiniano* 4 (1969), p. 557-566.

– « El pensamiento filosófico del Beato Santiago de Viterbo », *La Ciudad de Dios* 165 (1953), p. 117-144.

CÔTÉ A., « Simplicius and James of Viterbo on Propensities », *Vivarium* 47 (2009), p. 24-53.

– « Le progrès à l'infini des perfections créées selon Godefroid de Fontaines et Jacques de Viterbe », dans *Actualité de l'infinité divine aux XIIIᵉ et XIVᵉ siècles*, D. Arbib (dir.), *Les Études Philosophiques*, 4 (2009), p. 505-530.

COWIE F., *What's Within? Nativism Reconsidered*, New York, Oxford UP, 1999.

FODOR J., « The Present Status of the Innateness Controversy », dans *Representations*, Cambridge (Mass.), MIT Press, 1981, p. 257-333.

GAUTHIER R.-A., « Le cours sur l'*Ethica nova* d'un maître ès arts de Paris (1235-1240) », *Archives d'Histoire doctrinale et littéraire du Moyen Âge* 42 (1975), p. 71-141.

GUTIÉRREZ D., *De B. Iacobi Viterbiensis O.E.S.A. vita, operibus, et doctrina theologica*, Rome, Analecta Augustiniana, 1939.

MACKEN R., « Heinrich von Gent im Gespräch mit seinen Zeitgenossen über die menschliche Freiheit », *Franziskanische Studien* 59 (1977), p. 125-182.

MAHONEY E., « Themistius and the Agent Intellect in James of Viterbo and Other Thirteenth Century Philosophers ("Saint Thomas, Siger of Brabant and Henry Bate") », *Augustiniana* 23 (1973), p. 422-467.

MUELLER J.-P., « Colligantia naturalis. La psychophysique humaine d'après saint Bonaventure et son école », dans *L'homme et son destin d'après les penseurs du Moyen Âge*, Actes du premier congrès international de philosophie médiévale, Louvain-Bruxelles, 28 août-4 septembre 1958, Louvain-Paris, Nauwelaerts, 1960, p. 495-503.

NOONE T., « The Problem of the Knowability of Substance : The Discussion from Eustachius of Arras to Vital du Four », dans *Essays in Honor of Prof. Stephen F. Brown's 75th Birthday*, à paraître.

PATTIN A., *L'anthropologie de Gérard d'Abbeville. Étude préliminaire et édition critique de plusieurs Questions quodlibétiques concernant le sujet, avec l'édition complète du De cogitationibus*, Leuven, Leuven UP, 1993.

– *Pour l'histoire du sens agent. La controverse entre Barthélémy de Bruges et Jean de Jandun, ses antécédents et son évolution*, Leuven, Leuven UP, 1988.

– « Pour l'histoire du *commentaire sur les catégories d'Aristote de* Simplicius au Moyen Âge », dans *Arts libéraux et philosophie au Moyen Âge*, Actes du quatrième congrès de philosophie médiévale, Université de Montréal, Montréal, Canada 27 août-2 septembre 1967, Montréal, Institut d'études médiévales, 1969, p. 1073-1078.

– « La structure de l'être fini selon Bernard d'Auvergne, O.P. († après 1307) », *Tijdschrift voor filosofie* 24 (1962), p. 668-737.

PHELPS M., « The Theory of Seminal Reasons in James of Viterbo », *Augustiniana* 30 (1980), p. 271-283.

PICKAVÉ M., « Innate Cognition », dans *A Companion to Cognitive Theory in the Later Middle Ages*, Leuven, Leuven UP, à paraître.

PINI G., « Scotus on knowing and naming natural kinds », *History of Philosophy Quarterly* 26/3 (2009), p. 255-274.

PREZIOSO F., « L'attività del sogetto pensante nella gnoseologia di Matteo d'Acquasparta e di Ruggero Marston », *Antonianum* 25 (1950), p. 268-270.

ROBERT A., « Scepticisme ou renoncement au dogme ? Interpréter l'eucharistie aux XIIIe et XIVe siècles », *χώρα-REAM* 6 (2008), p. 251-288.

– « L'universalité réduite au discours. Sur quelques théories franciscaines de l'abstraction à la fin du XIIIe siècle », *Documenti e Studi sulla tradizione filosofica medievale* XVIII (2007), p. 363-393.

RUELLO F., « Les fondements de la liberté humaine selon Jacques de Viterbe O.E.S.A. Disputatio 1a de Quolibet, q. VII (1292) », *Augustiniana* 24 (1974), p. 283-347 et 25 (1975), p. 114-142.

– « L'analogie de l'être selon Jacques de Viterbe, Quodlibet I, Quaestio I », *Augustiniana* 20 (1970), p. 145-180.

SCOTT D., *Recollection and Experience. Plato's theory of learning and its successors*, Cambridge, Cambridge UP, 1995.

SPRUIT L., Species intelligibilis. *From perception to knowledge*, vol. 1, *Classical Roots and Medieval Discussions*, Leiden, Brill, 1994.

TACHAU K., *Vision and certitude in the age of Ockham : optics, epistemology, and the foundations of semantics, 1250-1345*, Leiden, Brill, 1988.

TESKE R., « Henry of Ghent's Rejection of the Principle : "Omne quod movetur ab alio movetur" », dans *Henry of Ghent*, Proceedings from the International Colloquium on the Occasion of the 700th Anniversary of his Death (1293), W. Vanhamel (dir.), Leuven, Leuven UP, 1996, p. 279-308.

WIPPEL J., « The role of the Phantasm in Godfrey of Fontaines'Theory of Intellection », dans *L'homme et son univers au Moyen Âge*, Actes du septième congrès international de philosophie médiévale (30 août-4 septembre 1982), t. 2, C. Wenin (dir.), Louvain-la-Neuve, Éditions de l'Institut supérieur de philosophie, 1986, p. 573-582.

YPMA E., « Recherches sur la productivité littéraire de Jacques de Viterbe jusqu'à 1300 », *Augustiniana* 25 (1975), p. 223-282.

– « Recherches sur la carrière scolaire et la bibliothèque de Jacques de Viterbe », *Augustiniana* 24 (1974), p. 247-282.

– *La formation des professeurs chez les Ermites de Saint-Augustin de 1256 à 1354. Un nouvel ordre à ses débuts théologiques*, Paris, Centre d'Études des Augustins, s.d.

INDEX AUCTORITATUM*

Alexander Aphrodisius
   *De anima liber cum
     Mantissa*, ed. Bruns
     p. 112, 23-31 : 79
     p. 90, 23-91, 6 : 158

Anselmus Cantuariensis
   *De concordia praescientiae
     et praedestinationis et
     gratiae dei cum libero
     arbitrio*, ed. Schmitt, III
     [11] : 5, 29, 31, 46

Aristoteles
   Analytica posteriora, A18,
     81a38-40 : 116
   De anima
     I, 5, 409b23-411a26 : 16
     II, 3, 414a7-8 : 150
     II, 4, 415b9-12 : 150
     II, 5, 417b12-13 : 88

II, 12, 424a17-18 : 166
III, 4, 429b27-28 : 166
III, 4, 429b31-430a2 : 115,
   168
III, 5, 430a10-14 : 66, 114
III, 5, 430a14-15 : 141
III, 5, 430a18 : 65, 158
III, 7, 431a14-15 : 116
III, 7, 431a16-17 : 116
III, 7, 431b2 : 164
III, 8, 431b21 : 11
III, 8, 431b29-432a1 : 170
III, 8, 432a2 : 166
Ethica Nicomachea, VI, 13,
   1144b4-5 : 25
Metaphysica
   V, 2, 1013a 26-27 : 164
   V, 2, 1022b10-12 : 25
   VII, 1, 1028a32-33 : 185
   VII, 7, 1032a32-b1 : 164
   IX, 1, 1046a11-15 : 2, 25

---

* Nous renvoyons aux numéros de paragraphe.

IX, 8, 1050a15-23 : 164
IX, 8, 1050a23-b1 : 43
IX, 8, 1050a34-b1 : 108
Physica, VII, 1, 241b24 : 1

Augustinus
 De civitate dei
  V, IX : 62
  X, I : 124
  XI, XXIV : 112
 De consensu euangelis-
  tarum, I, cap. 35 : 124
 De diversis quaestionibus
  octoginta tribus
  q. VIII : 63
  q. XLVI : 164
 De doctrina christiana, II,
  XL : 124
 De genesi ad litteram libri
  duodecim, XII, 6 : 130
 De musica, VI, cap. 5 : 130,
  132
 De trinitate
  XII, XV : 115
  XI, II : 132
  IX, XII : 145
 Soliloquia, I, cap. 1 : 140

Averroes
 Aristotelis de physico auditu,
  f. 48DE : 106
 Aristotelis Metaphysicorum
  libri XIIII
  f. 181B : 79

f. 29A : 90
f. 179CD : 106
Commentarium magnum
 in Aristotelis De anima
 libros, ed. Crawford
 p. 221, 50-52 : 98
 p. 221, 55-56 : 98
 p. 438, 51-439, 57 : 96
 p. 439, 73-74 : 158
 p. 484, 131 : 79
 p. 485, 164-165 : 79

Boethius
 Consolatio Philosophiae,
  ed. Moreschini
  3, XI : 146
  5, 4, 38 : 107
  5, IV : 130
  5, 5, 1 : 135

Godefridus de Fontibus
 Quodlibet V, ed. De Wulf et
  J. Hoffmans, q. 10 : 95

Iohannes Damascenus
 De fide orthodoxa
  (*Burgundionis versio*)
  cap. 36 (= Migne II, 22) :
   60
  cap. 37 (= Migne II, 23) :
   43, 54, 137
 Tractatus de duabus in
  Christo voluntatibus,
  PG 95, 148C : 137

Ioannes Philoponus
  Commentum super capitulum de intellectu in libro tertio Aristotelis de anima, cap. V, ed. Verbeke
  p. 42-55 : 76
  p. 43, 18-44, 19 : 77
  p. 44, 29 : 79
  p. 45, 39-52 : 82
  p. 45, 53-59 : 87
  p. 56, 31-34 : 89
  p. 57, 52-53 : 149

Plato
  Meno, 81d : 115
  Phaedo
    65a-67d : 118
    72c : 125
  Timaeus, 51d-e : 140

Proclus
  Στοιχεῶσις θεολογική, ed. Dodds
  prop. XV : 5

prop. XVII : 9

Simplicius
  In Aristotelis Categorias commentarium, ed. Kalbfleisch
  p. 242, 37-39 : 20
  p. 248, 25-31 : 20
  Scolia in praedicamenta Aristotelis, ed. Pattin
  p. 332, 21-23 : 20
  p. 340, 71-341, 77 : 20
  p. 429, 42-45 : 135

Themistius
  Themistii Paraphrasis eorum quae de anima Aristotelis, liber sextus, ed. Verbeke
  p. 235, 7-12 : 77
  p. 223, 77-p. 242, 53 : 83
  p. 225, 16-23 : 84
  p. 233, 65-p. 244, 93 : 83
  p. 226, 33-34 : 83
  p. 234, 94-99 : 84

INDEX SCRIPTURAIRE

IOH., 1, 9 : 77

INDEX NOMINUM *

ALPHONSE VARGAS DE TOLÈDE 9
ARISTOTE 10, 11, 12, 15, 19, 27, 29, 34, 35, 36, 37, 39, 40, 52, 55
AUGUSTIN D'HIPPONE 9, 21, 28, 29, 37, 53, 55
AVERROÈS 29
AVICENNE 29

BAKKER P.J.J.M. 35
BALLÉRIAUX O. 30
BATAILLON L.-J. 10, 29
BERNARD D'AUVERGNE 9
BOÈCE 10, 21, 37
BRENET J.-B. 7, 30, 56

CÔTÉ A. 8, 9
COWIE F. 19

EUSTACHE D'ARRAS 41

FIDEL CASADO P. 8, 9, 17
FODOR J. 21

GAUTHIER R.-A. 57
GÉRARD D'ABBEVILLE 15
GILLES DE ROME 7, 8, 31, 43, 48, 49, 50
GODEFROID DE FONTAINES 8, 31, 32, 34, 44, 45, 50
GUILLAUME D'AUVERGNE 53, 55, 56
GUILLAUME DE MOERBEKE 10, 30
GUTIÉRREZ D. 7

HENRI ARISTIPPE 15
HENRI DE GAND 8, 23, 27

* Sont indexés les noms propres de l'Introduction.

JEAN DUNS SCOT 43
JEAN PECKHAM 53, 55
JEAN PHILOPON 30

KLIBANSKY R. 15

MACKEN R. 23, 24
MAHONEY E. 10, 29
MATTHIEU D'AQUASPARTA 54, 57
MUELLER J.-P. 54

NOONE T. 43

PATTIN A. 9, 10, 15, 33
PHELPS M. 9
PICKAVÉ M. 18, 54
PIERRE DE JEAN OLIVI 26
PINI G. 43
PLATON 15, 19, 29, 36
PORPHYRE 11
PREZIOSO F. 56

RICHARD DE MEDIAVILLA 41, 42, 43, 44, 47, 49, 50

ROBERT A. 41
ROGER BACON 15, 47, 49
ROGER MARSTON 53
RUELLO F. 9, 11, 17, 58, 59

SCOTT D. 19
SIMPLICIUS 9, 10, 12, 13, 14, 17, 23
SPRUIT L. 54

TACHAU K. 48
TESKE R. 23
THÉMISTIUS 16, 30, 35
THOMAS D'AQUIN 8, 10, 16, 22, 30, 31, 37, 38, 40, 44, 45, 46
THOMAS D'YORK 53, 56
THOMAS SUTTON 43

VITAL DU FOUR 43, 53

WIPPEL J. 33

YPMA E. 7, 8, 16, 18

TABLE DES MATIÈRES

INTRODUCTION, par Antoine Côté 7
   La doctrine des idonéités 9
   Les idonéités et leurs propriétés 14
   Le *Quodlibet* I, question 7 21
   Le *Quodlibet* I, question 12 28
   Le *Quodlibet* I, question 13 41
   Conclusion 53
   Remarques sur la traduction 58

JACQUES DE VITERBE

L'ÂME, L'INTELLECT ET LA VOLONTÉ

QUODLIBET I, QUESTION 7 : LE MOUVEMENT DE LA VOLONTÉ
VERS LA FIN EST-IL UN ACTE DE LA VOLONTÉ OU DE
L'INTELLECT ? 63
   Objections contre la thèse que la volonté est mue de soi 63
   Examen de quelques réponses possibles 65
   Solution de Jacques de Viterbe 71
   Réponse aux objections 97

QUODLIBET I, QUESTION 12 : L'INTELLECT AGENT EST-IL
QUELQUE CHOSE QUI APPARTIENNE À L'ÂME ? 109

Première partie : qu'est-ce que l'intellect agent ?.................. 111
Deuxième partie : les opinions des philosophes.................... 113
Troisième partie : solution de Jacques de Viterbe 133
Quatrième partie : énoncé et réfutation de cinq doutes 145
Réfutation du premier doute 151
Réfutation du deuxième doute 153
Réfutation du troisième doute... 157
Réfutation du quatrième doute 175
Réfutation du cinquième doute... 179

QUODLIBET I, QUESTION 13 : L'ÂME DANS CETTE VIE PENSE-
T-ELLE LA SUBSTANCE GRÂCE À UNE ESPÈCE PROPRE À
CETTE SUBSTANCE ?.. 191
    Première partie : ce qu'il faut comprendre par le nom
        d'espèce.. 193
    Deuxième partie : comment les espèces sont-elles dans
        l'intellect ? 197
    Troisième partie : comment l'intellect se sert-il des
        espèces ? 207
    Réponse aux objections 219

BIBLIOGRAPHIE.. 223
INDEX AUCTORITATUM ET SCRIPTURAIRE................................. 231
INDEX NOMINUM.. 235
TABLE DES MATIÈRES 237

ACHEVÉ D'IMPRIMER
EN FÉVRIER 2011
PAR L'IMPRIMERIE
DE LA MANUTENTION
À MAYENNE
FRANCE
N° 618631P

Dépôt légal : 1er trimestre 2011